기적은
존재한다

MA VIE EST UN MIRACLE
© 2018 by Editions Jean-Claude Lattès

기적은 존재한다

2019년 8월 20일 교회 인가
2019년 10월 18일 초판 1쇄 펴냄

지은이·베르나데트 모리오
정리·장 마리 게누아
옮긴이·조연희
펴낸이·염수정
펴낸곳·가톨릭출판사
편집 겸 인쇄인·김대영
편집·강서윤, 정주화 | 디자인·정진아
기획 홍보·임찬양, 장제민, 안효진

본사·서울특별시 중구 중림로 27
지사·경기도 고양시 일산동구 노첨길 65
등록·1958. 1. 16. 제2-314호
전자우편·edit@catholicbook.kr
전화·1544-1886(대)/ (02)6365-1888(물류지원국)
지로번호·3000997

ISBN 978-89-321-1646-4 03230

값 13,800원

가톨릭출판사 인터넷쇼핑몰·http://www.catholicbook.kr
직영 매장·명동대성당 (02)776-3601, (070)8865-1886/ FAX (02)776-3602
　　　　　가톨릭회관 (02)777-2521, (070)8810-1886/ FAX (02)6499-1906
　　　　　서초동성당 (02)313-1886/ FAX (02)585-5883
　　　　　서울성모병원 (02)534-1886/ FAX (02)392-9252
　　　　　절두산순교성지 (02)3141-1886/ FAX (02)335-0213
　　　　　은평성모병원 (02)363-9119
　　　　　부천성모병원 (032)343-1886
　　　　　미주지사 (323)734-3383/ FAX (323)734-3380

가톨릭의 모든 도서와 성물을 '가톨릭출판사 인터넷쇼핑몰'에서 만나 보실 수 있습니다.

성경·전례문 ⓒ 한국천주교중앙협의회

이 도서의 국립중앙도서관 출판예정도서목록(CIP)은 서지정보유통지원시스템 홈페이지(http://seoji.nl.go.kr)와
국가자료종합목록 구축시스템(http://kolis-net.nl.go.kr)에서 이용하실 수 있습니다. (CIP제어번호: CIP2019036314)

이 책의 한국어판 저작권은 (재)천주교서울대교구 가톨릭출판사에 있습니다.
저작권법에 의해 한국 내에서 보호를 받는 저작물이므로 무단 전재와 무단 복제를 금합니다.

기적은 존재한다

루르드에서 일어난 기적에 관한
최초의 증언

베르나데트 모리오 지음 | 조연희 옮김

가톨릭출판사

일러두기
· 사람들의 이해를 돕기 위해 원문에 없는 주석을 추가하였습니다.

추천사
베르나데트 모리오 수녀는 '스타'일까?

프랑스의 유명 일간지[1]에서 말한 것처럼 과연 베르나데트 모리오 수녀는 '스타'일까? 당사자는 강하게 부정한다. 모리오 수녀는 치유를 바란다고 기도한 적이 없으며, 자신보다 치유되어야 할 사람들이 더 많은데 왜 자신이 치유를 받았는지 모르겠다고 거듭거듭 말한다. 그렇다고 모리오 수녀는 이러한 이유로 기적에 관해 침묵하려고 하지는 않는다. 그녀는 자신의 경험담을 이야기해야 한다고 생각한다. 사람들이 그녀가 겪은 기적을 믿게 하

---

1 '루르드 70번째 기적 체험자인 베르나데트 모리오, 스타가 되다Bernadette Moriau, la 70e miraculée de Lourdes, est devenue une star', 〈르 파리지앵 Le Parisien〉, 2018년 8월 11일 — 저자 주

려는 것이 아니다. 누군가에게 믿음을 심는 일이 과연 쉬운 일이겠는가. 그녀는 생명이 있고 이성을 지닌 존재인 우리 모두를 사랑하는 하느님, 현존하시고 행동하시는 하느님께 마음과 삶을 열고자 하는 이들에게 용기를 북돋아 주고 싶어 자신의 이야기를 전하려 한다. 또한 자신에게 경이로움을 행하신 주님께 성모님을 본받아 공손히 감사드리고, 이 경이로움이 마르지 않도록 하기 위한 이유도 있다.

모리오 수녀의 기적을 심사한 의사들은 가톨릭 신자가 아닌 이도 있다. 그래도 대부분이 그녀의 치유가 현재 의학 지식으로 설명되지 않는다고 했다. 종교적이라고 생각해 기분이 좋지 않은 사람도 있겠지만 이번 일은 현대 의학 지식뿐 아니라 그리스도교에서 보더라도 처음부터 끝까지 의미 있는 일이다. 그렇기에 기적을 받아들이는 사람들은 하느님이 그들에게 전하는 의미와 부르심을 깨달을 수 있다. 이러한 관점에서 우리는 성경에 기록된 표징을 직접 목격했다고 할 수 있다. 기적은 우리에게 말을 건다. 일부 사람들은 이를 듣고 신앙 안으로 다시 돌아오기도 한다. 그러나 일부는 눈을 감아 버린 채 더욱 폐쇄적이고 적대적이 되기도 한다.

그럼 이번 일을 무엇이라고 할 수 있을까? 하느님은 누군가에게 억지로 관심을 끌기 위해 노력할 필요가 없는 분이시다. 그렇지만 우리는 여러 가지를 통해 하느님의 뜻을 알 수 있다. 하느님은 오래전에 스스로 세우신 계시의 연장선에서 그 계시를 드러내 보이며 우리에게 그분의 뜻을 나타내신다. 또한 이스라엘과 맺었던 첫 번째 계약을 예수 그리스도를 통해 완수하시어 그분의 뜻을 알려 주신다. 더 나아가 예수님이 하신 계시의 연장선에서 부족한 우리들이 경험하는 일들을 통해 그분의 뜻을 나타내신다.

그분은 우리에게 이렇게 말해 주신다. 하느님이 원하는 사람이란 사랑이 모자르지 않은 사람이라고 말이다. 그분은 과학으로는 설명되지 않는 치유를 보여 주심으로써 인간의 생명과 존엄성에 관심을 기울인다고 말씀하신다. 그분이 이미 계시하신 일과 이번에 일어난 기적을 함께 보면 하느님은 인간이 무언가를 단념하고 싶어 하고, 끝내고 싶어 할 때 개입하고자 하심을 알 수 있다. 너의 상황을 모두 보고 있다고, 당사자는 물론 비슷한 상황에 처한 이들을 위한다고 말씀하신다.

그러면 그때부터 이 기적의 의미는 절박한 부르심이 된다. 이 기적의 의미를 이해하는 사람에게 이제는 당신 차례라고, 생명을 수호하고 존중하면서 고통받는 이들을 겸허하고 너그럽게 기다려 줄 차례라고 하시는 것이다. 이렇게 그들은 하느님이 택하신 태도를 요청받는다. 하느님은 상처받고, 변형되고, 쇠약해지고, 쓸모없어지고, '인간의 형상을 상실'하기까지 한 삶을 존중하고 일으켜 주셨다. 그런데 하느님께 삶을 나누자고 요청받은 사람들이 어떻게 그분의 '생활 태도'를 택하지 않을 수 있겠는가? 병이나 장애라는 베일을 쓰고 그 뒤에 숨은 사람들의 존엄성을 존중하는 일은 하늘나라에 들어가기 위한 수험 생활을 하는 것과 마찬가지다. 하늘나라에서의 행복은 하느님의 사랑을 마다하지 않고 하느님처럼 사랑하는 것이기 때문이다.

인간은 자신과 닮은 존재의 연약함, 장애, 늙음을 마주하고 가까이하면서 피조물을 대하는 하느님의 생각, 태도, 행동을 배울 수 있다.

"나는 사람들처럼 보지 않는다. 사람들은 눈에 들어오는 대로 보지만 주님은 마음을 본다."(1사무 16,7)

'사랑의 하느님'이신 그분은 결코 낙담하지 않으시며 자신이 그토록 사랑하는 사람들에게 매정하게 거절당해 치명상을 입어도 절대 두려워하지 않으신다. 하느님은 자신이 사랑하는 사람들에게 자신의 아들을 보내시어 하느님처럼 사랑하는 방법을 가르쳐 주셨다. 사람들을 채워 줄 수 있는 건 오직 사랑뿐이다.

여기서 우리는 모리오 수녀의 말에 귀를 기울여 볼 수 있다. 그녀는 이렇게 말했다. "저에게 루르드의 가장 위대한 기적은 우애입니다. 이곳에서 환자들은 존중과 사랑, 도움을 받습니다."

치유가 되고 그 후 기적을 인정받기 위한 수년의 시간들, 치유에 기적의 특징이 있다는 공식 발표에 이르기까지. 모리오 수녀는 이 모든 일을 거치면서도 독선적으로 행동하거나 정신적인 힘을 다 써 버려 매몰되지 않았다. 공동체에서, 본당에서 구호 활동을 하고 루르드의 환자들을 위해 봉사하며 본연의 모습을 지켰다. 삶을 회복한 모리오 수녀는 타인을 위한 '삶의 종'을 자처했다. 기적적인 치유가 보낸 진정성의 신호가 기적이 일어난 사람의 삶 안에서 열매를 맺었다. 자신을 낫게 해 주신 생명의 주님을 본받아 모리오 수녀는 다른 사람의 삶을 위해 봉사했다. 위험에 처한 삶도 존중받아 마땅한 삶이다. 모리오 수녀는 살아 있는 세상을 만들기 위해 헌신하신 그리스도를 본받아 자신의 삶을 헌신한다. 모리오 수녀가 '되찾은' 삶은 이렇게 비옥한 삶이 되어 간다.

모리오 수녀의 경험담이 계속해서 회자되길 바란다. 마리아 베르나데트 수비루 성녀가 자신의 말을 믿지 못하는 이들에게 자신에겐 단지 이야기해야 할 의무만이 있을 뿐이라고 하며 루르드의 성모님의 발현을 말한 것처럼 말이다. 많은 사람들이 이 경험담을 읽고 받아들여 그 의미를 느끼고 드높여 삶을 풍요롭게 하기를 바란다. 그들이 서로에게 영향을 주어 다양한 삶을 사는 데 도움이 되기를 바란다.

"주님의 자애는 다함이 없고 그분의 자비는 끝이 없어."(애가 3,22)

자크 브누아 고냉
보베, 누아용, 상리스 주교

감사의 말
절망하지 마세요

… 👤 …

    이 책을 신체적, 정신적 질병을 앓는 사랑하는 환자들에게 바칩니다. 이 책은 당신들을 위한 책입니다. 당신들이 없었다면 저는 스스로 이 책을 쓰겠다고 나서지 않았을 것입니다. 기적적으로 치유된 환자가 당신에게 희망의 신호를 보냅니다. 이 책을 통해 저는 기적을 얻는 비법이 아니라 평화, 빛, 기쁨을 조금이나마 전해 주고 싶습니다. 그리고 절대 절망하지 말라고 말하고 싶습니다. 절대로 절망하지 말기를. 물론 제 신앙에서 우러나온 말이지만 이 메시지는 누구나 나눌 수 있을 것입니다.

    이 책은 우리를 치료하는 의사들과 의료 전문가들을 위한 책이기도 합니다. 이곳저곳에서, 특히 루르드에서 환자들에게 봉사하는, 꼭 필요한 사람인 의사들에게 이 책을 통해 감사 인사를 전합니다.

하얀 가운을 입은 사람들이 철야를 하며 간호하고 고민한 시간들, 개인적인 삶을 희생하면서까지 할애한 시간의 가치를 값으로 따질 수 있을까요? 그들은 아픈 몸과 역경의 동반자이자, 건강 회복을 위해 도움을 주고 인류애를 실천하는 사람들입니다. 그 사람들은 병을 치료해 주고 싶다는 영원한 가치를 마음에 품고 현대적인 의료 기술을 적용합니다. 그들에게 무한히 감사를 드리고 싶습니다.

특히 피카르디의 작은 마을에서 활동하는 의사 크리스토프 퓌메리에게 각별한 감사의 말을 전하고 싶습니다. 그는 2008년에 저에게 환자들과 루르드에 함께 가자고 권유했습니다. 그의 권유가 없었더라면 축복받은 루르드에서 성모님을 통해 하느님의 경이로움을 체험했다고 말하는 오늘날의 저는 없었을 것입니다.

2018년 7월 5일, 교구 순례단이 루르드를 순례하던 중 성녀 베르나데트 세례 성당에서 드린 감사 철야 미사 때, 퓌메리는 이렇게 말했습니다.

"환자분들, 감사합니다! 환자분들이 루르드에 이렇게 오신 것은 정말 중요합니다. 루르드의 메시지는 환자분들을 통해서 전달될 수 있습니다. 신자인지 비신자인지는 중요하지 않습니다. 환자분들이 계속해서 루르드를 찾아오게 하려면, 환자분들이 루르드의 메시지를 갖고 살아가는 것이 중요합니다. 또한 의료 전문가들의 도움이 없다면 루르드는 더 이상 존재할 수 없을 것입니다."

제 책을 읽는 분들은 제가 소개한 이 메시지가 일종의 호소임을 이해했을 것입니다. 루르드에 온 환자들에게는 의사와 의료 전문가들이 필요합니다. 분야는 상관없습니다. 지금 이 글을 쓰는 수녀도 한때는 간호사였습니다. 의사분들이 이 호소를 듣게 된다면, 주저하지 말고 루르드에서 환자들에게 봉사하고자 며칠 휴가를 내주었으면 좋겠습니다. 아마 큰 보람을 느낄 것입니다.

제 사례를 기적으로 증명하는 일에 참여해 여러 일을 하고 언제나 반갑게 맞아 준 루르드 의료국의 의사 알레산드로 데 프란치시스에게도 감사를 전하고 싶습니다. 세상 유일무이한 이 루르드 의료국을 몇 년 동안 오가며 알게 된 모든 의사들에게도 의료 검사마다 애써 주어 감사하다고 말하고 싶습니다. 루르드를 위해 봉사한 그들의 재능에 경의를 표합니다.

루르드 의료국의 비서였던 마릴린과 베로니크에게도 고맙습니다. 그들은 매일 서류 작업과 신청 작업 등 많은 일을 성실히 했습니다. 루르드 의료국에 가면 마릴린과 베로니크와 반갑게 인사를 나누었고, 그녀들이 직접 준비한 커피를 함께 마시며 더 많은 사람들과 만날 수 있었습니다. 그래서 루르드 의료국에 가는 날은 언제나 즐거웠습니다.

물론 현재 낭트에서 주교직을 수행하는 장 폴 제임스 주교에게도 감사를 전합니다. 제가 치유된 직후인 2008년 9월, 제임스 주교는 저를 만났고 제 이야기를 진지하게 들어 주었습니다. 그리고 루르드 의료국에 의학 서류를 접수하라고 저를 격려해 주었습니다.

제임스 주교 후임으로 보베에 온 자크 브누아 고냉 주교에게도 감사드립니다. 그는 친절하고 우호적으로 저를 대해 주었고, 수년이라는 긴 시간을 제 이야기에 귀 기울여 주셨습니다. 또한 2018년 2월 11일, 교회가 제 사례를 기적이라고 인정할 때까지 온 교회를 참여시키면서 용기 있게 자신의 영성의 길을 끝까지 걸어갔습니다. 교회는 이런 곳입니다. 다시 한번 감사드립니다.

수년 동안 영성적으로 저와 동행해 준 레미 위블리에 신부, 트루쉬르의 필리프 마리 신부에게도 감사드립니다.

제가 치유된 것을 제일 처음 목격한 마리 알베르틴 수녀에게도 감사드립니다. 장상 수녀인 아니Annie에게도 조언해 주어 감사하다고 말하고 싶습니다. 2008년 7월 12일, 이 소식을 환영해 주었던 당시 장상 수녀 마리 프랑수아즈에게도 감사드립니다. 피카르디 브렐의 사랑하는 우리 수도회 마리 로베르타 수녀, 안 마리 수녀, 니콜 수녀에게도 제 이야기를 들어 주고, 공감해 주고, 저를 위해 기도해 주어 감사하다고 말하고 싶습니다. 제가 루르드의 은총의 경험담을 이야기하러 다닐 때마다 그곳이 어디든 우리 동료 수녀들이 내 뒤에서 나와 함께하며, 성모님을 통해 그리스도께 기도드린다는 것을 압니다.

우리 가족, 특히 남동생 부부 조르주와 엘렌에게도 감사하다고 말하고 싶습니다. 그들은 저를 위해 많이 기도해 주고, 제 경험담을 이야기하라고 격려해 주었습니다. 이들을 비롯하여 수많은 제 친구들이 저를 격려해 주었습니다. 저는 이들 모두에게도 감사드립니다.

주교관 홍보 담당자 쥘리앵 스레와 그의 팀에게 감사를 드립니다. 그들은 제가 지금까지는 잘 몰랐던 또 다른 세계에서 의사소통이 잘되도록 관리해 주고, 저를 지원해 주며 많은 일을 했습니다.

장 마리 게누아에게 무한한 감사의 인사를 전합니다. 그가 없었다면 이 책은 없었을 것입니다. 그는 저에게 소중한 안내자였으며 경험담을 써 내려가는 데 있어 영감을 지닌 붓이 되어 주었습니다.

베르나데트 모리오 수녀

차례

추천사 **5**
감사의 말 **11**

1장 — 더 이상 아프지 않습니다 **19**

2장 — 이미 무너져 있던 내 삶 **45**

3장 — 침묵하며 기다려야 하는 시간 **71**

4장 — 기적으로 공인받다 **95**

5장 — 저에게는 이 이야기를 할 의무가 있습니다 **131**

6장 — 이 순간에도 절망하는 당신에게 **171**

7장 — 기적, 특별해서 주어진 것이 아닙니다 **187**

첨부 자료 **205**

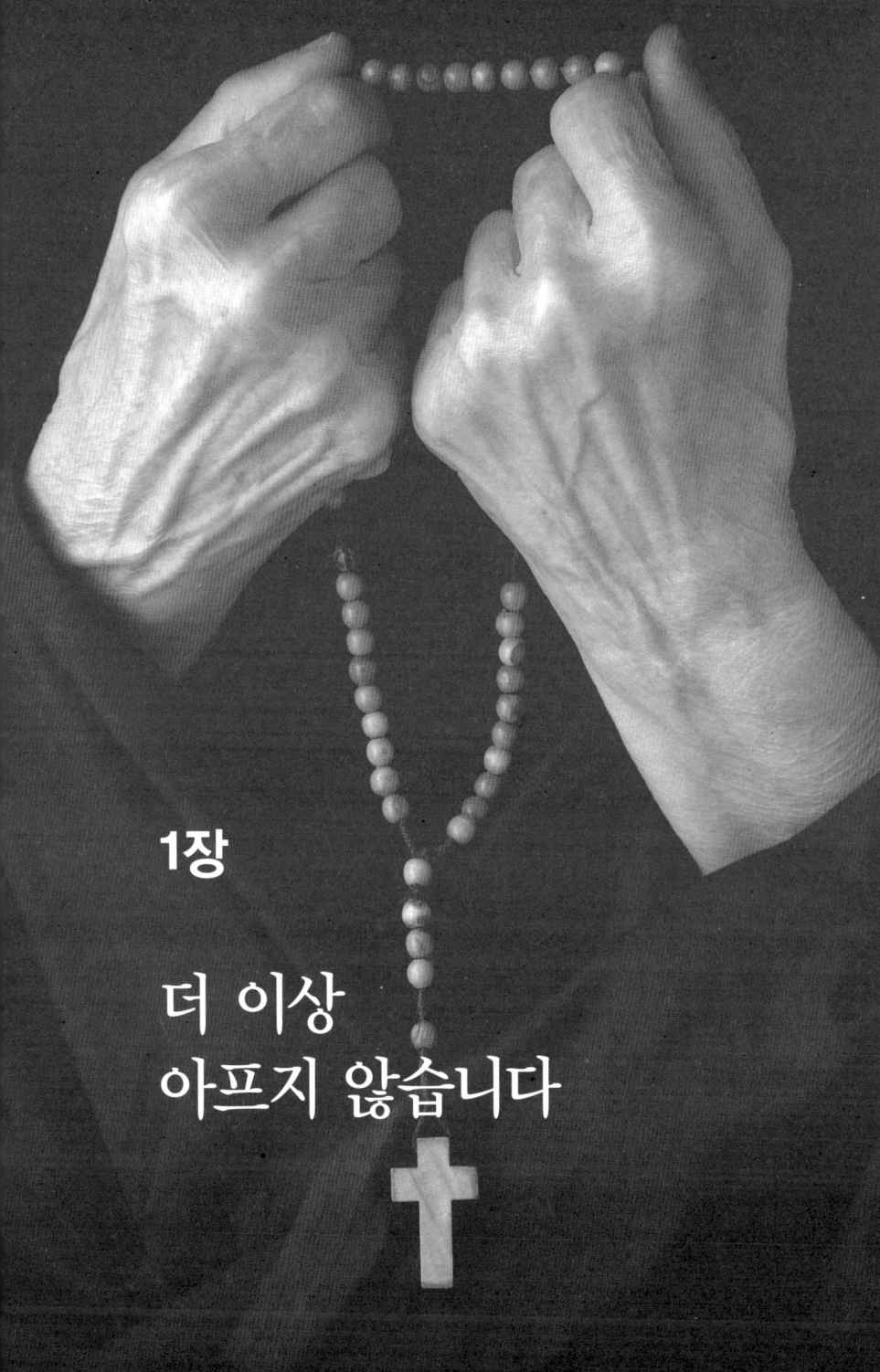

… 🙎 …

나는 물고기 배 속에서 3일을 살았다. 이 물고기는 성경 속 예언자 요나가 삼켜진 물고기와 같다. 그렇다면 요나는 누구일까? 그는 자신 때문에 난처한 일이 생겼다고 여겨 뱃사람들에게 자신을 들어 바다에 내던지라고 말한 이다. 성경에서는 뱃사람들이 들어 내던진 요나를 큰 물고기가 삼켰으나 요나는 주님께 기도하며 큰 물고기의 배 속에서 3일 동안 살아남았다고 한다. 이 3일의 어둠이 그를 구한 것이다. 바닷속 물고기의 배 속은 그를 지치게 하기는커녕 재창조하였다. 요나는 새로운 인간이 되어 물고기 밖으로 빠져나왔다.

하느님은 이 창조 작업의 비밀을 간직하신다. 하느님은 아무것도 없는 것에서 완전함을, 나쁜 것에서 새것을 만들어 내셨다.

나는 중증 장애가 있는 수녀다. 요나처럼 삶이라는 배에서 밖으로 던져진 채 홀로 떨어져 있었다. 그러나 기적처럼 치유되었다. 루르드의 축축한 동굴 속에서 완전히 치유된 채 빠져나왔다.

나는 아시시의 프란치스코 성인을 따르는 프란치스칸일 뿐 신학자는 아니지만 내가 겪은 일을 사람들에게 이야기하려고 이 책을 쓴다. 나에게는 이것을 이야기할 의무가 있기 때문이다. 루르드에서 성모님의 발현을 목격한 베르나데트 수비루 성녀는 자신을 의심하는 사람들에게 이렇게 말했다.

"저는 여러분에게 이 기적을 믿도록 할 책임이 없습니다. 단지 이야기해야 할 의무만 있을 뿐입니다."

사실 나에게 일어난 이 신비를 내 능력 밖의 일이라고 말하고 넘어갈 수도 있다. 나는 항상 다른 사람들을 위해서만 기도했지 나 자신의 치유를 위해 기도한 적은 단 한 번도 없었기 때문이다. 그러나 나는 이 책을 통해 당신과 함께 기적의 순례를 떠나고 싶다.

그리고 나는 "남성, 여성, 어린아이, 노인 등 고통 속에 사는 많은 사람 중에서 왜 수녀에게, 그것도 나이 든 수녀에게 기적이 일어났을까요?"라고 묻는 사람들에게도 대답할 수 있도록 노력할 것이다.

요나는 침묵이 감도는 어둠 속에서 3일을 보내고 세상으로 다시 나왔다. 나도 루르드에서 돌아와 치유되기 전까지 고통과 어둠으로 점철된 3일을 보냈다. 요나는 우리의 구세주, 그리스도의 부활을 상징할지도 모른다. 어찌 보면 내가 겪은 기적이 요나의 경우와 비슷하지 않을까 하는 생각도 해 본다.

나는 가톨릭 신자이자, 프란치스코회 수녀로서 예수님을 믿고 성모님을 공경한다. 아마 내가 전하는 이야기는 예수님과 성모님 없이는 의미가 없을 것이다.

2008년 7월 8일, 나는 루르드에서 브렐의 작은 수녀회의 내 방으로 돌아왔다. 참을 수 없을 정도로 날씨가 너무 더웠다.

나는 69세였고 42년째 투병 생활을 해 왔다. 고통은 27세 때 처음 찾아왔다. 좌골 신경통[2]이었다. 이 통증은 점점 심해져 마

---

[2] 좌골 신경에 관련된 부위인 엉덩이, 종아리, 발 등을 따라 지속적으로 나타나는 신경통. 대부분 척추의 추간판 탈출증(허리 디스크)에 의해 발생하지만 신경염, 중독, 골반 내 장애 등의 이유가 있기도 하다.

미 증후군³으로 이어졌다.

간단하게 말하자면 반은 마비 상태다. 내 왼쪽 발은 저절로 뒤로 뒤집혔다. 등, 척추, 골반은 전체적으로 상태가 좋지 않아서 목에서 허리까지 보호해 주는 단단한 의료용 보호대로 지탱한다. 의료 기구를 착용한다고 해서 내 몸이 고통에서 벗어나는 것은 아니다. 다리에는 전기가 찌릿찌릿 오르는 듯한 느낌이 계속 느껴진다. 만성이 된 좌골 신경통 때문이다. 눈에 보이지 않는 가시들이 쉴 새 없이 찌르는 듯한 고통을 줄이기 위해 많은 양의 모르핀을 투여했다. 그러다가 고통을 견뎌 낼 수가 없어서 피부 속에 척수 신경 자극기를 삽입했다. 나는 환자였다.

돌아오는 길에 나는 완전히 녹초가 되었다. 여유롭게 달리는 기차 안에서 열두 시간을 보냈기 때문이다. 이 기차는 환자들을 가득 태운 채 철길을 느릿느릿 지나갔다. 역에 도착하면 방해되지 않으려고 한쪽에 정차해 다른 기차들이 지나가도록 길을 내주었다. 건강하고 바쁜 사람들이 탄 기차들이었다. 그 기차들은 우리 기차를 쳐다보지도 않고 쏜살같이 지나갔고, 그 바

---

3 허리뼈 아래 부위에 있는 여러 다발의 신경근이 압박을 받아 생기는 병. 허리 통증, 양측 하지의 통증 및 감각 이상, 근력 저하, 회음 주변 부위의 감각 이상, 배변 및 배뇨 기능 장애 등 복합적인 증상을 일으키는 질환이다.

람에 우리 기차는 흔들렸다. 그래도 가련한 우리 기차는 아랑곳하지 않았다.

내가 탄 의료용 객차는 12호였다. 우리 침대칸은 자원 봉사를 하는 약사 안이 살펴 주었다. 나는 위에 있는 침대를 배정받아서 침대에 누우려면 위로 올라가야 했다. 간신히 좁은 침대 위로 기어 올라가는 데 성공했다. 보조기를 착용한 채 몸을 움직이자니 격렬한 운동을 하는 것 같았다. 침대에서 의료용 보호대를 몸에 고정했다. 이 친구는 나의 딱딱한 두 번째 피부였다. 나는 의료용 보호대 없이는 서 있을 수조차 없다. 지금까지 나와 힘든 시간을 함께한 이 친구는 기차가 덜컹거리는 계속되는 충격에서 조금이나마 나를 보호해 주었다. 다행스럽게도 내 고통을 덜어 주는 모르핀도 있었다. 나는 이 여정을 견디려고 스스로 모르핀을 투여하는 양을 늘리기로 했다. 효과가 좋은 모르핀이라는 친구가 없었다면 고통을 견뎌 낼 수 없었을 것이다. 아플 때마다 늘 참는 데 이골이 났지만, 한증막 같은 기차 안에서 열두 시간을 누워 있는 일은 지치고 힘들었다.

수녀원 방에서 밤을 보내는 지금, 영혼은 평화로웠으나 몸은 완전히 지쳐 있어 단 한 가지밖에 할 수가 없었다. 기도하는 것, 기도하며 성모님을 통해 주님과 하나가 되는 것. 나는 루르드 순례를 생각해 보면서 함께 떠나 가깝게 지냈던 우리 교구의 환자들을 위해서 기도했다. 나보다 더 쇠약한 사람들이 많았다. 나는 그나마 조금은 움직일 수 있었고, 모르핀이 있어서 척추의 타는 듯한 고통을 줄일 수도 있었다. 그러니 불평할 일이 있을까? 수녀는 자신을 위한 일이 아니라 다른 사람들, 나보다 더 아픈 사람들을 위해 일해야 한다. 나는 애초에 하느님이 주신 삶을 하느님과 다른 사람들에게 내어 주었다. 나는 간호사였다. 지금은 건강이 좋지 않아 더 이상 환자들을 도와주지는 못하지만 적어도 그들이 치유되고 평안하기를 바라면서 온종일 기도할 수 있다. 어린 코린과 클레르가 생각났다. 이 둘은 다발성 경화증[4]을 앓았지만 함박웃음을 잃지 않았다. 그러나 더 악화되어 휠체어가 없으면 움직이지 못할 정도가 되었다. 그 외에도 수많은 사람이 떠오른다. 그들에게 하느님은 불행만 주셨다. 왜 이런 고통을 주셨을까? 왜 이런 병을 주셨을까?

'주님, 저의 외침을 들어 주세요.'

나는 소리를 내지 않고 속으로 외쳤다. 이 역시 기도다. 반항이 아니라 간청이었다. 나는 장애를 가진 이였고 상태는 더 악

---

[4] 뇌, 척수, 시신경을 포함하는 중추 신경계에 발생하는 만성 신경 면역계 질환. 감각 및 운동 마비, 시신경염 등의 증상이 나타난다.

화될 것이 뻔했다. 혹시나 하는 희망도 없었고, 일시적인 차도도 기대하기 어려웠다. 내 앞에는 십자가의 길이 이미 마련되어 있었다. 나는 그 고통의 길을 완전히 받아들였고 기적을 기대하지 않았다. 그러나 순례를 마치고 일상으로 돌아온 뒤 왜인지 마음을 잡지 못했다.

'주님, 제 뜻대로가 아니라 주님의 뜻대로 이루어지게 해 주세요.'

루르드를 다녀오니 그 어느 때보다 평온함이 느껴졌다. 내 상황이 하나도 원망스럽지 않았다. 나는 내 삶을 하느님께 바쳤다. 지금까지 내 삶을 그분이 원하시는 대로 하셨듯이 앞으로도 그렇게 하실 것이다.

루르드에서 돌아온 지 3일이 지나 금요일이 되었다. 그동안 나는 장거리 여행을 다녀온 대가를 톡톡히 치렀다. 이전보다 몸의 고통이 더 심해졌다. 그래도 나에게는 고통을 줄여 주는 모르핀이 있었다.

보통 오후 5시에는 경당에서 성체 조배를 한다. 성체 조배 시간이 가까워지자 나보다 19년 선배인 마리 알베르틴 수녀의 발소리가 들렸다. 마리 알베르틴 수녀가 경당으로 향하는 듯하다.

마리 알베르틴 수녀와 나는 이 수녀원에서 많은 것을 함께했다. 심지어 그녀는 내가 루르드로 순례를 갈 때 나무 묵주를 주기도 했다. 내가 묵주 기도를 얼마나 자주 바치는지 알기 때문이었다. 묵주는 어릴 때부터 하느님과 나를 이어 주었다. 또 나는 하느님과 마주하는 이 성체 조배 시간도 사랑한다. 나도 경당에 갈 준비를 해야 했다.

'하느님, 하느님은 실제로 존재하십니다. 이 경당을 포함한 모든 곳에, 그리고 개개인 안에 계십니다. 이번 루르드 순례를 다녀올 수 있게 해 주셔서 감사드립니다. 진심으로 감사드립니다.'

마음속으로 하느님께 찬미와 감사를 드리자 처음으로 루르드를 갔던 기억, 이전에 순례를 갔던 기억, 그리고 이번에 루르드로 순례를 떠나게 된 일 등이 떠올랐다.

나는 11세 때 처음으로 루르드에 갔다. 우리 집은 경제적으로 넉넉하지 않았다. 아버지는 자주 아프셨고 어머니는 가정부 일을 하셨다. 그러나 나의 신앙 고백식[5] 때 본당 신부님이 나를

---

[5] 7~9세에 첫영성체를 받은 어린이들이 10~12세가 되면 첫영성체 때 했던 약속을 되새기는 예식. 프랑스, 프랑스어권 국가들의 고유 예식이었으며 17세기부터 1950~1960년경까지 있었다.

아버지와 함께 루르드로 보내 주셨다. 우리는 프랑스 북부 노르 지역에 살았고 루르드는 프랑스 남부 피레네 산맥 근처에 있었다. 우리는 북쪽 끝에서 남쪽 끝에 있는 동굴로 내려오게 되었다. 그때만 해도 루르드는 내게 이 세상의 끝이었다.

루르드에 두 번째로 갔던 때는 수도자의 삶에 접어들기 직전이었다. 신문 〈가톨릭적인 삶La Vie catholique〉에서 이벤트를 열었는데 상품이 루르드 여행이었다. 나는 수도자가 되기 전에 왜 루르드에 가기를 꿈꾸는지 편지를 써서 이벤트에 응모했고 당첨되었다. 이 여행은 기억에 많이 남았다. 비오 12세 교황님이 선종했다는 소식을 루르드에서 들었던 것이 생생하게 기억난다. 그리고 여동생과 1970년에 루르드를 찾았던 것이 세 번째였고, 1985년에는 가족과 한 번 더 루르드를 찾았다.

이번에 나에게 루르드에 다녀오자고 권유한 사람은 장상 수녀나 영성 교사가 아니라 나의 주치의인 크리스토프 퓌메리였다. 나는 끊고 싶어도 끊을 수 없는 모르핀을 처방받으려고 4주마다 퓌메리에게 진료를 받았다. 열정적인 가톨릭 신자인 퓌메리는 40여 년 전부터 매년 보베 교구 환자들을 데리고 기차로 루르드 순례를 가고 있었다.

그는 내게 이렇게 권했다.

"교구 환자들과 루르드에 순례를 가려 하는데 같이 가지 않으실래요?"

"선생님, 저에게 기적이 일어날 리가 없습니다!"

나는 상대가 말을 하면 곧바로 답하는 성격이었다. 그날은 평소보다 더 강하게 대답하고 말았다. 병원을 나오면서 그렇게 쏘아붙인 내 자신이 부끄러웠다. 수녀가 된 지 50여 년이 다 되어가고 신앙이 깊다고 자부하건만, 나는 나를 위한 기적이 일어날 리가 없다고, 기적을 믿지 않는다고 답한 것이다. 사실 그렇게 큰 은총이 나에게 찾아올 것이라고 어떻게 상상할 수 있겠는가. 만약 루르드로 순례를 가서 완치되는 사람이 있다고 해도 그 사람이 내가 될 수는 없었다. 투병 생활을 한 지 벌써 40여 년이나 되었다. 이제 이 병은 나와 떼려야 뗄 수 없었다. 나는 어느새인가부터 아픈 상태 그대로 생을 마감할 것이라고 어렴풋이 짐작하고 있었다. 치유라니, 생각할 수도 없는 일이었다.

게다가 수녀들은 이렇게 갑자기 이동하는 법이 없다. 루르드는 먼 곳이다. 우리는 청빈으로 잘 알려진 프란치스코회였다. 수녀의 삶을 산 지 50주년이 된 것을 기념해 루르드 순례를 계획할 수 있겠지만, 50주년까지는 아직도 많이 남아 있었다.

그러나 퓌메리의 제안이 머릿속을 떠나지 않고 자꾸만 생각났다. 루르드에 가는 것도 괜찮지 않을까? 마치 그의 제안이 단 하나밖에 없는 답처럼 생각되었다. 나는 내가 소속된 예수 성심 프란치스코 수녀회 장상 수녀에게 물어보았다. 장상 수녀인 마리 프랑수아즈는 곧바로 답을 해 주었다.

"갈 수 있는 힘이 있을 때 순례를 떠나세요."

맞는 말이었다. 앞으로 마지막 순간에 이를 때까지 몸은 점점 더 변형되며 굳어질 것이다. 더 기다릴 이유가 있을까?

신기하게도 출발일이 다가올수록 루르드로 가도록 이끌림을 받았다는 느낌이 들었다. 이번 순례는 교회 안에서 떠나는 순례였다. 개인적으로 떠나는 것이 아니었다. 교회 안에서 떠나는 이번 순례는 나에게 의미가 깊었다. 나는 하느님과 교회의 이끌림에 나를 맡기기로 했다. 하느님이 내 주치의를 통해서 나를 부르신 것은 아닐까 하는 생각을 했다.

생각을 하다 보니 곧 오후 5시가 될 것 같다. 이제 일어나서 경당으로 가야 한다. 나에게 생명 줄과 같은 묵주를 쥐었다. 묵주를 들고 있으면 자존감이 높아지고, 마치 십자가에 박힌 못처럼 나를 짓누르는 이 병에 관한 생각에서 벗어날 수 있다. 루르드에서 돌아온 지 3일이 지난 지금까지 나는 여독이 남아 있어

지칠 대로 지쳐 있었다. 몸의 통증도 심했다. 너무 고통스러워서 약을 투여하는 양을 늘려야 했다. 그래도 마음은 참 평온했다. 바다처럼 광대한 평화가 느껴졌다. 내 뼈들은 울부짖고 있었지만 영혼은 노래를 부르고 있었던 것이다. 영적으로 이토록 충만한 느낌은 처음이었다. 루르드에 있었을 때, 내 안에서 무슨 일이 일어났다. 무척 오묘하고 아직 눈에 보이지 않지만 실제로 존재하는 무엇인가가 일어났다. 나는 그것을 실감했다. 나는 잠시 묵주를 들고 그때의 일을 회상했다.

7월 4일 금요일, 빈틈없이 채워진 일정이 끝나 가던 중, 루르드 성지에서 오묘하고 눈에 보이지 않지만 실제 존재하는 '그 일'이 일어났다.

루르드에서 가톨릭교회가 중요하게 여기는 고해성사를 보았다. 내가 지은 죄를 하느님께 고하고 용서를 받은 다음 병자성사도 받았다. 이는 예수님이 자신의 주위로 다가왔던 병자들에게 해 주셨던 것을 그대로 사제가 환자에게 해 주는 성사다. 마법이 일어나는 것도 아니고 곧바로 치유가 되는 것도 아니지만, 병자성사는 우리가 겪는 고통을 견딜 힘을 달라고 교회 속에서 모두 함께 그리스도에게 청하는 것이다.

그다음 샘물이 있는 동굴 쪽으로 갔다. 특별히 루르드에는 물이 주는 표징이 있다. 1858년 성모님은 루르드에 발현해 14세 소녀 베르나데트에게 이 땅을 파 보라고 했다. 베르나데트가 성모님이 지시한 대로 그 땅을 파 보았더니 눈앞에서 기적처럼 물이 솟아났다. 성모님은 이 물을 마시고 이 물로 씻도록 하라는 말을 베르나데트에게 남겼다. 여기서는 아직도 알 수 없는 물이 솟아나온다. 우리는 이 물을 마시고, 이 물로 세수를 하고 손도 씻을 수 있다. 동굴 옆에는 침수장이 있어서 전신을 담글 수도 있다. 이 침수장은 장애인을 비롯한 모든 사람이 물속에 몸을 담글 수 있도록 이곳 특유의 거무스름한 암석을 파서 특별히 개조한 것이다. 물에 몸을 담그는 행위는 육체적 행동이지만 영적 기도의 한 형태이기도 하다. 세례를 받으며 정화되고 다시 태어났음을 떠올리게 해 주기 때문이다. 우리는 그리스도가 다시 태어나신 물에서 씻는 것이다.

나는 이번에 침수장에 몸을 담그면서 이유는 모르겠지만 이전보다 더 강렬한 느낌을 경험했다. 새로 세례를 받는 것처럼 정화되는 느낌이 들었다. 그러나 정신을 차리고 보니 내 몸은 망가진 채였고 고통도 여전했다. 첨벙, 또다시 얼음장같이 차가운 물에 깊이 몸을 담갔다. 찌릿한 느낌이 몇 초간 계속되었다. 자원 봉사자들의 도움을 받아 물 밖으로 나왔다. 물이 바로 말랐다. 다시 태어났을지도 모른다는 상상을 했다.

휠체어를 탄 채 신비로운 동굴 안팎을 계속 지나다녔다. 그러면서 성모님의 존재를 확신했다. 동굴에 놓인 아름다운 성상이 성모님의 존재를 상기시킨다. 꼭 성상이 있어서가 아니라 성모님은 실제로 이곳에서 우리와 함께하신다. 이곳에 오는 사람들은 불안, 우울, 고통, 영구적인 장애 등 세상의 모든 불행을 성모님의 발치에 내려놓고, 밖으로 눈물을 쏟아 내거나 아무도 몰래 속으로 보이지 않는 눈물을 흘릴지도 모른다. 우리 어머니이신 성모님은 이 모든 것을 받아 주신다. 그리고 우리의 기도를 예수님께 전구해 주실 수 있다.

지금까지 루르드를 방문할 때마다 평화로움이 나를 사로잡았다. 고요한 이곳에서는 계곡 안쪽으로 힘차게 흐르는 가브강의 물소리를 들을 수 있다. 그리고 루르드 동굴 안에는 하느님의 힘이 있다. 신비롭고 영적인 그 힘이 변함없이 모두에게 다가간다. 낮은 위치에 있는 이들, 가난한 이들, 고통받는 이들. 성모님을 통해 세상에 나오신 하느님은 멀리 있지 않다.

시에나의 가타리나 성녀를 떠올렸다. 신앙심이 깊었던 가타리나는 혼돈의 시기에 교황님을 지지하며 로마 교회를 구했다.

그녀는 감실을 자주 찾아가 그 앞에서 하느님께 말했다.

"저는 바랍니다!"

가난하고 보잘것없는 수녀인 나, 내가 바라는 것은 무엇일까? 나는 묵주를 손에 들고 성모님을 바라보았다. 그리고 짧게 기도를 바쳤다.

'주님, 저를 위해서는 아무것도 바라지 않습니다. 여기 제 주위에 있는 사람들, 제가 아는 사람들, 제가 사랑하는 사람들, 그리고 저의 기도를 바라는 사람들, 이 모든 이들의 고통을 위로해 주세요.'

루르드 침수장을 빠져나와 다시 마사비엘 동굴 앞을 지나가며 다른 이들과 행렬을 이루어 새로운 기차를 타러 갔다. 레일 위를 달리는 기차가 아니라 얇은 고무바퀴 위를 달리는 파란 손수레다. 수백 대의 손수레가 낯설고 기이한 행렬을 이룬다. 길게 나와 있는 손잡이를 밀고 당기는 사랑스러운 자원 봉사자들의 얼굴에는 미소가 떠나지 않는다. 이 기차는 바로 희망의 기차다.

희망의 기차를 타고 성체 행렬을 했다. 성체 행렬은 아직까지 행해지는 루르드 성지 특유의 예식이다. 축성된 제병이 맨 앞에서 기관차처럼 손수레들을 이끌었다. 누구나 잘 볼 수 있도록 커다랗게 만든 대형 성체가 빛나는 성광에 놓여 있었다. 사제는 팔을 쭉 펴서 정성스레 성광을 들고 걸어갔다. 아름다웠다. 정말 아름다웠다. 걸어갈 수 있는 사람은 걸어서 가고 그렇지 못한 사람은 수레를 타고 행렬했다.

성체 강복의 시간이 다가왔다. 엄숙함과 감동이 극에 달했다. 사제는 아픈 사람들을 향해 성광을 기울인 채, 천천히 십자가를 그리며 강복했다. 루르드에서 치유가 많이 일어나는 순간이 바로 이때라고 한다. 보베 교구 주교였던 장 폴 제임스 주교가 함께 갔었다. 성광이 내 쪽으로 오자 그는 성광을 잡고 나에게 강복해 주었다.

물론 내가 성체 강복 예식을 처음 경험하는 것은 아니었다. 수도원에서도 이미 여러 번 했으니까. 그러나 2008년 7월 4일, 이날은 분명히 무엇인가가 내 안에서 일어났다.

제임스 주교가 성광을 잡고 나에게 강복해 주었을 때 나는 예수님이 내 안에 찾아오셨다는 느낌을 받았다. 이제까지 느껴 보지 못한 감정이었다. 나는 이 순간을 선명하게 기억한다. 예수님이 나에게 이렇게 말씀하셨다.

"나는 네가 고통받는 것을 보았다. 또한 몸이 아픈 너의 형제자매들이 고통받는 것도 보았다. 나에게 모든 것을 맡겨라."

몇 초 정도가 흘렀다. 감정이 복받쳐 올랐다. 진심으로 그분께 모든 것을 맡겼다. 그리스도의 십자가와 하나가 되었다. 나는 어떠한 경우에도 나를 낫게 해 달라고 기도한 적은 한 번도 없었다. 내가 나를 위해서 무엇을 청할 수 있었겠는가? 나는 내 상태와 병을 받아들였다. 나는 내 삶의 길과 의미를 병 속에서, 고통 속에서 발견했다. 통증 때문에 고통스러웠지만 그래서 더욱 그리스도와 함께할 수 있다고 믿었다. 적어도 나의 모든 마음과 영혼, 보잘것없는 몸을 다하여 그리스도와 함께하려고 노력했다.

'모든 것을 맡겨라. 어떤 것도 붙잡고 있지 마라. 아무것도 기대하지 마라.'

내 삶을 통틀어 그리스도가 이처럼 강렬하게 찾아오신 적은 없었다. 나는 성체 행렬 중에 하느님을 만났다. 아마 다른 사람들도 나와 비슷한 은총을 경험했을 것이다.

위로도, 완치도 바라지 않은 채 나는 그저 그분께 나를 맡겼다. 아무것도 기대하지 않고 나를 온전히 맡기니 문득 아시시의 프란치스코 성인의 말이 떠올랐다.

"모든 것을 받으려면 아무것도 갖지 말아야 합니다. 그리하면 그분께서 모든 것을 내어 주실 것입니다."

하느님은 숨결을 불어넣으시듯 침묵의 언어로 말씀하신다.

어느 누구도 줄 수 없는 평화를 우리에게 불어넣으신다.

마음이 평화로 가득 찼다. 순례 여정은 끝났고 나는 다른 사람이 되었다. 보잘것없고 휘어진 내 몸은 아직 고통스러웠다. 하지만 찌릿한 느낌이 드는 물속에 몸을 담가 내게 묻었던 무엇인가를 깨끗이 씻어 냈고, 불처럼 강렬했던 성체 강복 예식 때는 하느님의 무한한 사랑을 장작 삼아 한껏 타올랐다. 물과 불을 경험하는 두 차례 찰나의 순간, 수녀로서 이미 예전에 새 삶을 시작한 나였지만 이 순간 또 한 번의 새 삶이 시작되려는 듯했다.

그러나 나는 떠나야 했다. 이제야 마음의 눈과 귀로 루르드를 느끼게 되었는데 이 천국을 떠나야 하다니. 아쉬웠지만 얼마 안 되는 짐을 챙겨 다시 철길을 달리는 기차를 타고 기나긴 길을 되돌아가야 했다. 내면은 평화로 가득 찼지만 고통스러운 내 겉모습은 변한 것이 없었다.

나는 무엇이 나를 기다릴지 알았다. 고칠 수 없는 장애. 지금은 조금은 움직일 수 있었지만, 머지않아 이마저도 움직이지 못하게 될 것이다. 신체적 자율성을 완전히 잃어버린 채 동료 수녀들에게 모든 것을 의존하게 될 것이다. 중병을 앓는 사람이라면 대다수가 느끼겠지만 타인에게 의존할 때는 굴욕감을 느끼기도

한다. 이러한 일들을 나는 받아들여야 할 것이다.

그러나 주님은 나에게 말씀하셨다.

"나에게 모든 것을 맡겨라."

알겠습니다, 주님. 저는 아무것도 불평하지 않겠습니다. 주님께서 완전한 기쁨을 제게 되돌려주셨습니다.

나는 회상을 마치고 성체 조배를 하러 가기 위해 마치 무덤 속에서 있듯이 조용히 지내던 내 방의 암흑 속을 빠져나왔다.

마당 건너편의 간소한 경당에 도착했다. 몇 걸음 떨어진 곳에 마리 알베르틴 수녀가 와 있었다. 마리 알베르틴 수녀와 나는 주님과 하나가 되어 세상의 평화를 위해, 아픈 사람들을 위해, 그 종류가 무엇이든 모든 고통 속에 있는 사람들을 위해, 가난한 사람들과 교회를 위해 기도했다. 더 나빠진 것은 보살펴 달라고 간청했고, 더 좋아진 것은 그렇게 해 주셨음에 감사드렸다.

그렇지만 한편으로 내 머리와 마음은 아직 루르드에 있었다. 루르드에서는 파란 손수레를 탄 환자들이 긴 행렬을 이루며, 성광의 대형 성체 안에 현존하신 그리스도의 뒤를 따를 시간이었다. 이곳 경당의 성체는 루르드의 성체처럼 크지는 않았지만 마찬가지로 한껏 타오르고 있었다.

브렐의 이 작은 경당의 성체 안에 계시는 그리스도나 루르드의 성체 행렬에서 본 성광의 대형 성체 안에 계시는 그리스도는 같은 그리스도시다. 그리스도가 현존하시는 성체는 교회의 핵심이며, 우리 모두를 언제 어디에서나 하나가 되게 한다.

피카르디 지방 브렐에 있는 수녀원 경당의 왼쪽 두 번째 줄 의자에 앉은 나도 그 순간에는 루르드에 있는 환자들과 하나가 되어 기도했다. 그러던 어느 순간, 내 몸이 말할 수 없이 이완되는 것을 느꼈다. 심장에서 출발한 따뜻한 기운이 여기저기로 퍼져 나갔다. 그 기운은 내 안을 파고들었다. 나에게 무슨 일이 일어난 건지 알 수 없었지만 계속 기도했다.

하느님은 고요함 속에서만 말씀하시는 분이다. 그랬다. 그냥 따뜻한 느낌이 내 심장에서 출발해 온몸으로 밀려들었다. 깊은 편안함, 완전한 평온. 타는 듯한 열기는 아니었고, 무언가에 물렸을 때의 얼얼함보다는 약한 느낌이었다. 내 마음속에 따뜻한 물이 담긴 욕조가 들어온 것 같았다. 퍼져 나가는 이 따뜻한 기운이 나에게 이로울 거라는 느낌이 들었다. 그 기운은 부드럽게 내 몸의 세포 하나하나를 어루만졌다. 부드러운 기름처럼 곳곳을 돌며 내 신체 기관 전체를 채워 주었다. 내 몸을 진정시키고, 고요하게 해 주었다. 그리고…… 치유해 주었다. 그 기운은 순간적으로 지나갔고 지나간 곳에는 다시 오지 않으려는 것처럼 강력한 효력을 남겼다. 하지만 그 기운은 말이 없었고 눈에 보이지 않았다.

성체 조배에 이어 저녁 기도까지 마친 후, 나는 내 방으로 돌아왔다. 내게 말하는 내면의 목소리가 들렸다.

'보조기를 벗어라.'

곧바로 복음서에서 예수님이 하신 말씀이 떠올랐다. 예수님이 38년이나 앓으며 누워 있는 병자에게 이렇게 말씀하셨다.

"일어나 네 들것을 들고 걸어가거라."(요한 5,8)

그러자 그는 병에서 나아 들것을 들고 걸어갔다.

나는 깊게 생각하지 않았고, 1초도 머뭇거리지 않았다. 무슨 일이 생긴 건지 전혀 의심하지 않은 채, 나는 내가 찼던 보조기를 모두 벗었다. 다리를 고정하던 보조기, 의료용 보호대, 다 벗어 버리고 내 몸에 보조기란 아무것도 하지 않았다. 무슨 일이 일어난 건지 감을 잡을 수 없었지만 기분은 최고였다.

내 몸에 달려 있던 모든 보조기를 벗어 던졌던 그때, 무언가 달라져 있었다. 내 왼쪽 발이 제자리로 돌아와 있었다. 발이 휘어져 발꿈치가 땅에 닿지 않았었는데 반대 발과 모양이 똑같아진 것이다! 의료용 보호대를 하지 않았는데 목도, 등도, 허리도 더 이상 어느 곳도 아프지 않았다. 나는 신경 자극기도 껐다.

방에서 나가 마리 알베르틴 수녀를 불렀다. 그녀는 내 쪽으로 오다가 깜짝 놀랐다. 그러고는 나에게 물었다.

"도대체 어떻게 된 거예요?"

"저도 모르겠어요. 그런데 아무렇지 않아요. 아프지 않아요……."

우리는 성모상과 수녀회 창립자의 사진이 있는 방으로 갔다. 성모상과 수녀회 창립자 사진에 다가가 아이처럼 울고, 또 울었다. 기쁨과 경악, 감동과 흥분의 눈물이었다. 그러고는 그리스도인으로서, 수녀로서 기도하고, 또 기도했다. 하느님께 감사와 영광을 드렸으며, 망덕에 다시 한번 감사드렸다.

곧바로 모르핀을 끊었다. 그것도 단 한 번에. 모르핀은 마약성 진통제라 보통 단번에 중단할 수는 없지만 아무렇지 않았다. 부작용 하나 없었다.

그동안 고통을 많이 진정시켜 주었던 신경 자극기는 완전히 불필요하게 되었다. 신경 자극기 리모컨도 버렸다. 나는 스스로 하던 도뇨[6]도 중단했다. 모든 것이 질서를 되찾아가고 있었다.

그날 밤 내내, 계속 눈물이 났다. 하느님께 영광을 돌렸고 감

---

[6] 요도 도관을 방광에 삽입하여 소변을 뽑아내는 일이다.

사드렸다.

이렇게 다 나은 것이 너무 놀라웠다. 솔직한 심정으로 감히 믿을 수가 없었다. 그렇지만 한편으로는 계속 이렇게 지낼 수 있을지 궁금했다.

무슨 일이 일어난 것일까? 투병 생활을 한 지 40년이 넘었다. 40년 넘게 고통 속에서 살아왔는데 단 몇 초 만에 아무렇지 않게, 깨끗이 나은 것이다.

대부분 사람은 단기간에 큰 변화가 일어나면 적응하기 힘들어한다. 사람은 자신의 몸 구석구석을 안다. 제대로 움직이는 곳이 어딘지, 더 이상 기능하지 못하게 되어 버린 곳이 어딘지 안다. 나의 몸은 비틀어져 있었고, 통증이 지속되었으며, 대부분 병들어 있었다. 그런데 지금은 변형된 곳도 없고, 고통 없이 안락하며, 살 만한 몸이 되었다. 예전에는 내가 원하는 대로 반응하지 않았던 몸이 이제는 내 생각대로 반응했다.

거의 순식간에 나타난 이 변화를 두고 경악, 놀람, 당황을 넘어 뭐라고 설명해야 할지 모르는 감정이 느껴졌다. 곧바로 루르드가 생각났다. 성모님이 발현하셨던 동굴에서 멀지 않은 곳에서 거행된 성체 강복과 그때의 강렬한 느낌이 떠올랐다.

모든 것의 시작은 바로 그곳이었다는 생각이 들었다. 내게 일어난 일은 분명 루르드의 성모님과 성체에 연관되어 있었다. 나는 확신했다.

경이로웠던 그날 저녁, 나는 묵주를 꺼내 들고 그리스도의 삶에 있었던 환희의 모든 순간을 모은 '환희의 신비'를 바쳤다. 환희, 이 단어로도 내 심정을 다 표현할 수 없다. 그날 밤, 나는 잠들지 못했다. 행복의 눈물을 흘리면서 하느님을 찬양했고, 다른 환자들도 낫게 해 달라고 기도드렸다.

날이 밝았다. 낭트에 있는 수녀회 본원에 연락해 장상 수녀에게 이 사실을 알려야 했다. 나는 장상인 마리 프랑수아즈 수녀에게 전화했다. 그녀는 곧바로 전화를 받았다. 나는 순명 서원을 했기 때문에 수도 생활 중에 일어난 일을 그녀에게 전해야 할 의무가 있었고, 그녀의 말에 따를 의무도 있었다. 나는 내가 겪은 기이한 일을 모두 이야기했다. 그녀는 의심하지 않았으나 신중했다. 내게 교구 주교를 만나서 이 일을 이야기하라고 조언했다. 단, 그 밖에 다른 누구에게도 이야기하지 않는 게 좋겠다고 했다.

"이 일에 관해 누구에게도, 그 어떤 말도 하지 마세요. 평소처럼 조용히 지내세요."

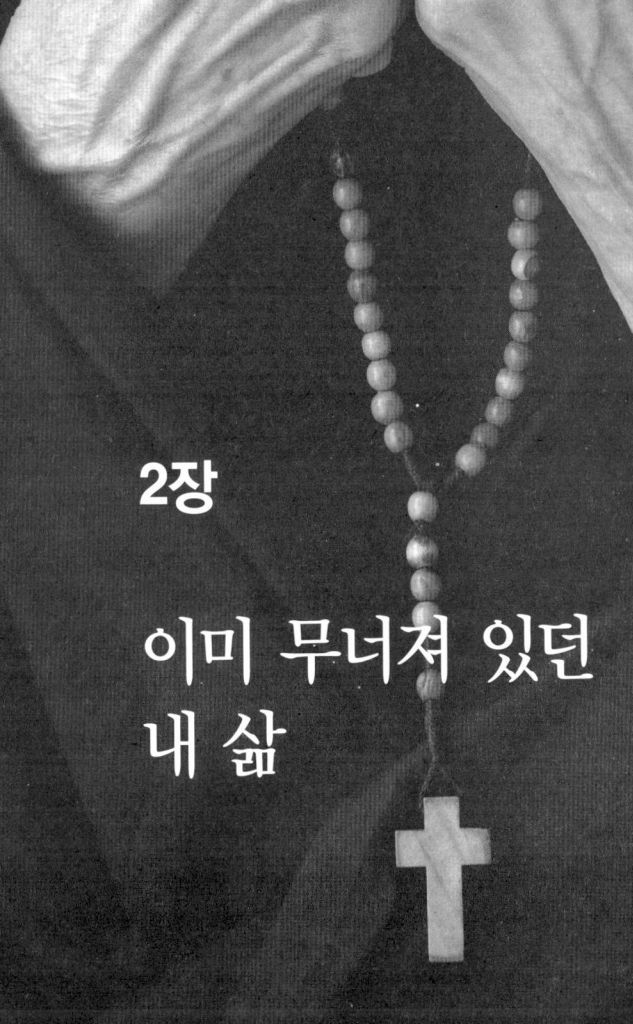

2장

이미 무너져 있던
내 삶

나는 1939년 9월 프랑스 북부 노르 지방의 한 가정에서 맏딸로 태어났다. 그해 9월은 비극적인 달이었다. 독일이 폴란드를 침공한 것이다. 이렇게 발발하게 된 제2차 세계 대전은 전쟁의 잔학성을 드러낼 조짐을 보였다.

부모님은 두 분 모두 노르 출신이고, 외할머니는 벨기에 사람이었다. 아버지와 어머니는 노동자 계층이었으며 맞벌이를 했다. 아버지는 주물 공장에서 일하는 주물공이자 목수였다. 나무를 아주 잘 깎았던 아버지는 시간이 날 때마다 무언가를 만들었다. 아버지는 원목으로 아름다운 성모님을 만들어 집 안에 두었다. 또 십자가상도 만들어 선물로 주었기에 나는 방에 항상 그것을 놓아두었다. 아버지는 신앙심이 깊어 열심히 신앙생활을 했다.

어머니는 아버지가 일하는 공장의 공장장 집에서 가정부로 일했다. 맡은 일을 매우 성실히 하는 분이었다. 어머니도 신앙심이 깊어 묵주 기도를 열심히 드렸다.

1940년에 우리는 피난을 갔다. 그때 나는 고작 9개월밖에 되지 않았기에 떠날 때의 기억은 전혀 없다. 우리는 아버지가 다니는 공장의 공장장과 함께 프랑스 남쪽 가르에 있는 도시 알레스로 떠났다. 거기에 공장장의 다른 공장이 있었기 때문이다. 얼마 뒤, 몸이 약한 아버지는 강제로 노역을 하러 독일로 가게 되었다. 그러나 다행스럽게도 그때 어머니가 남동생인 제라르를 임신해서 프랑스에 머무를 수 있었다. 제라르는 아버지를 구하러 왔던 것이다.

우리 가족은 알레스에서 4년을 머물렀다. 그리고 그곳에서 사랑스럽던 제라르를 잃었다. 나는 겨우 네 살이었다. 사람들이 제라르를 데려가는 것이 싫었다. 누군가의 죽음은 어린 나에겐 힘겨운 경험이었다. 임신한 어머니와 우리는 노르로 다시 돌아왔다. 우리가 도착했을 때 노르에는 폭격이 쏟아지고 있었다. 어머니의 배 속에는 제라르의 동생이 있었다.

1944년 7월, 나는 그때의 폭격을 분명하게 기억한다. 우리는 렘므의 르프레트르가에 있는 임시 주택에 살았다. 아직도 베란다와 벽면이 통째로 무너지던 소리가 생생하다. 우리는 우유를 구하러 농장에 가면서 무섭기만 한 독일인들과 마주치지 않으려고 몸을 숨기는 일상을 보냈다. 폭격이 일어나면 몸을 숨길 수 있는 곳에 숨어서 어머니와 함께 성모송을 바쳤다.

곧 우리는 살 곳을 마련했다. 집은 작았다. 안락하게 살 수는 없었지만 아무도 불평하지 않았다. 부모님은 소박하신 분들이어서 항상 문을 열어 놓고 사람들을 진심으로 반겼다. 동네에 문제가 생기면 사람들은 언제나 우리 집에 와서 부모님과 의논했다. 우리 부모님은 이런 어려운 상황에서도 금실이 매우 좋았다. 본당 일에도 열심히 참여했고 우리 구역의 가톨릭 노동 운동 ACO, Action catholique ouvrière[7] 모임에서도 초창기부터 활동했다. 주일마다 미사에 참례했으며 매일 삼종 기도를 바쳤고 잠들기 전에는 온 가족이 모여 기도를 드렸다.

부모님은 루르드의 성모님을 깊이 공경했다. 그래서 첫째 아이의 이름을 루르드에서 성모님의 발현을 목격한 어린 여자아이의 이름인 베르나데트라고 짓기로 했다. 그러나 첫째 아이가

---

7 노동자들의 기본 생활 조건을 충족시키기 위해 가톨릭교회와 신자들이 중심이 되어 벌이는 지속적인 집단 활동이다.

태어나다 죽어서 내가 그 이름을 받게 되었다.

제라르 다음으로 동생 네 명이 생겼다. 1944년에는 미셸, 1946년에는 모니크, 1948년에는 세실, 1950년에는 조르주가 태어났다. 조르주는 2월에 태어났다. 그는 태어난 후 얼마 되지 않아 바로 죽을 뻔했다. 탈수 증상을 보였고 다른 날도 아닌 세례를 받는 날 상태가 최악으로 치달았다. 의사가 집으로 왔다. 의사는 아기가 길어야 다음 날까지밖에 못 살 것이라고 진단했다. 어머니는 용기를 잃지 않았다. 그날 밤 내내 어머니는 루르드의 성모님께 기도를 드렸다. 그러면서 지치지 않고 작은 숟가락에 물을 한 방울씩 묻혀 아기에게 먹였다. 그 물은 루르드의 물이었다. 루르드는 항상 우리 가족의 한 부분을 차지했다. 결국 조르주는 살았다. 심지어 지금까지 살아 있다. 나는 조르주의 목숨을 루르드의 성모님께서 구해 주셨다고 믿는다.

나는 수녀회에서 운영하는 학교에 다녔다. 수녀들 덕분에 초등학교를 졸업할 수 있었다. 나는 성실한 학생이었고 배움을 좋아해서 할 수 있다면 공부를 더 하고 싶었다. 그러나 학교를 가서도 쉬는 시간이 되면 점심때 먹을 감자를 요리하기 위해 집에 가서 불을 지펴야 했다. 아버지가 폐가 많이 안 좋고 자주 아파서 고생했기에 어머니가 가정부 일을 해서 생계를 꾸려야 했다. 그래서 살림을 할 사람이 나밖에 없었다. 남동생도 아파서 오랫동안 값비싼 항생제를 맞아야 했다. 약값이 만만찮았기에 우리는 월말에 늘 돈이 모자랐다. 모든 것을 아껴야 했다. 배고프지 않을 정도로는 먹을 수 있었지만 그래도 힘들었다. 고기를 먹는 일은 드물었다. 나는 아직도 어머니가 이렇게 말하는 소리가 들린다.

"내가 신앙이 없었더라면……."

그러나 어머니에게는 신앙이 있었다. 그것도 몸에 굳게 뿌리내려 있었다. 어머니는 가족의 보배 같은 분이었다. 어머니가 일을 했기에 첫째인 나는 어머니 대신 '꼬마 엄마'가 되어야 했다. 나는 아버지와 동생들을 돌보았다. 그래서 철이 일찍 들었는지도 모르겠다. 우리는 살면서 몇 번이나 폭풍우처럼 어려운 시기를 보내야 했다. 우리는 간신히 인간으로서의 존엄성은 지켰지만, 객관적으로 보면 불행하다고도 할 수 있었다.

그러나 내게 어린 시절은 정말 행복했다. 나는 하루 종일 노래를 부르고 다니는 천성이 활발한 아이였다. 노래를 잘 부르는 아버지를 닮아 성가를 잘 불렀다.

어릴 때는 수녀가 될 거라고 생각하지 않았다. 하지만 11세에 신앙 고백식을 한 날, 나는 그리스도의 부르심을 받았다. 성찬

전례 중 성체를 거양하는 순간이었다. 나는 예수님을 따르고, 그분께 모든 것을 맡기라는 부르심을 받았다. 처음부터 내 길은 그렇게 정해져 있는 것 같았다. 주님은 내게 자신을 따르고 모든 것을 맡기라고 분명히 말하셨다. 나는 그 말에 답했다. 간단하고 분명한 말이었다.

"주님께 모든 것을 맡깁니다."

나는 그 후 오늘날 ACE(Action Catholique des Enfants, 어린이 가톨릭 운동)[8]라고 불리는 활동에 참여했다. 졸업 후에는 공부를 더 해서 간호사가 되고 싶었다. 그러나 돈이 없어서 금방 계획을 접어야 했다. 우리는 가난했다. 손재주가 좋아 뭐든 잘 만들자 어머니는 나에게 바느질을 하는 직업을 가지라고 했다. 나는 동네에 있던 프란치스코회 수녀들을 보러 자주 갔었는데 어느 날 수녀들이 수녀복을 만드는 것을 보고 와서 어머니께 이렇게 말했다.

"평생 수녀복 같은 것만 만들면서 살고 싶지는 않아요."

그러자 어머니는 이렇게 답했다.

---

[8] 1920년대 전쟁이 끝난 프랑스에서 고통스러운 상황의 아이들이 함께 모여 체육이나 문화 활동을 하며 사회성을 기르고 여가 시간을 보낼 수 있도록 가톨릭 신자들이 후원했던 활동이다.

"그래도 뭐든 배워 두면 앞으로 유용하게 쓰일 거란다."

어머니의 말을 들은 나는 재단 및 재봉 기술 자격증을 땄다. 그러나 마음속으로는 여전히 사람들을 돌보아 주는 간호사를 꿈꾸었다.

아버지의 병을 간호하기 위해 예수 성심 프란치스코 수녀회에서 간호사 수녀가 왔다. 그래서 이 수녀회를 알게 되었다. 나는 첫 번째로 내 모든 것을 예수 그리스도께 헌신하는 걸 삶의 목표로 삼았다. '무언가를 하면서'가 아니라, '존재' 그 자체로 헌신하고 싶었다. 정말 전적인 사랑을 갈망했다. 나는 관상 수도회에 끌렸지만 활동하는 것도 좋아하는 편이었으므로 관상 수도회와 활동 수도회, 모든 곳에 마음이 있었다.

그러나 기술 자격증을 따자마자 일을 해야 했다. 집에 방문해 옷을 수선해 주는 일부터 시작해 나중에는 상점에서 판매원 겸 수선원 자리를 구했다. 사람들은 나를 부려 먹었다. 정해진 근무 시간도 없이 청소, 궂은일 등 온갖 잡일까지 다해야 했다. 그들에게 내 이력과 자격증은 전혀 고려 대상이 아니었다.

나는 나를 온전히 바치겠다는 종교적 소명에 확신이 있었다. 그러나 가톨릭 노동 청년회JOC, Jeunesse Ouvrière Chrétienne에서 젊은 남자를 만났을 땐 그와 결혼해서 아기를 가지는 상상도 했다. 1년 동안 서로 많이 만났고 여러 이야기를 했다. 이 경험은 결혼은 나의 길이 아님을 확신하는 계기가 되었다. 나는 가정을 꾸리는 것이 아닌 다른 부르심을 받았기 때문이다.

나의 삶은 다른 곳에 있었다. 내가 가야 할 길은 그리스도를 향한 길이었다. 1957년에 비오 12세 교황님이 있는 로마에서 제1회 세계 JOC 대회가 개최되었다. 나는 대회에 참석하려고 로마로 떠났다. 그때 나는 17세였다. 나는 로마에서 보편 교회를 볼 수 있었다. 웅장했다. 멀리 있었지만 사람들이 메고 가는 교황 어가 Sedia gestatoria에 앉은 교황님을 볼 수 있었고, 수많은 청년들과 같은 순간을 공유할 수 있었다. 그들은 이미 노동의 삶을 살아가고 있었으며, 막 끝난 전쟁의 언저리에서 빠져나오고 있었다. 유럽 전체를 강타했던 전쟁의 트라우마가 얼마나 강했는지 오늘날은 상상하기 힘들 것이다. 로마에서 장시간 기차를 타고 다시 집으로 돌아오면서 나는 확신을 가졌다. 나는 수녀가 되어야 했다.

나는 프란치스코회 수녀가 되기로 결심했다. 프란치스코회 수녀들은 기도하는 삶을 살면서 간호사의 삶도 살았기 때문이다. 재봉 바늘을 간호사의 바늘로 바꿀 시간이 왔다. 나는 동네에 함께 있던 수녀들과 진지하게 이야기하고 이 길에 접어들기로 결정했다. 수련기에 들어가려면 낭트로 떠나야 했다.

1959년 1월 30일, 나는 집을 떠났다. 어머니에게도 내가 필요했지만 우리 가족 중 누군가를 주님께서 부르셨다는 것은 영광스러운 일이었다. 자애로운 하느님께 자신의 자녀를 바치는 일은 독실한 가톨릭 신자였던 우리 부모님에게 전부였다.

"잘 가거라."

어머니는 이렇게만 말했다. 첫째 딸이 태어나자마자 세상을 뜬 후 새로 맏이가 된 나. 그런 내가 집을 떠나는 모습을 보는 어머니는 가슴이 찢어졌을 것이다. 그러나 어머니는 나의 소명을 전적으로 믿었다. 우리는 자주 볼 수 없음을 알았다. 6개월 후, 정식 수녀복을 입을 때가 되어야만 부모님과 만날 수 있을 것이다. 그리고 나면 다시 2년 후 수녀 서원을 할 때까지 만나지 못할 것이다.

나는 낭트로 갔다. 당시 프란치스코회 수련기는 극도로 엄격했다. 수련기 수녀는 스무 명 남짓이었다. 우리는 속세와 단절한 채 살아갔다. 수도자의 삶이 그러하듯 모든 것을 맡기라는 요청을 받았다. 서로 대화를 해서도 안 되었다. 모든 것의 기초는 순명이었다. 더 분명히 말하자면 모든 것을 의존하는 형식이었다. 식탁에서 배식을 받을 때도 우리에게 일말의 선택의 여지도 주지 않겠다는 뜻이 확연히 드러났다. 어떠한 주도권도 주어지지 않았다. 나에게는 이곳이 지나치게 폐쇄적이고 협소하게 느껴졌고, 이러한 세상을 빠져나갈 날이 오기를 손꼽아 기다렸다.

시간이 흘러 나는 유기 서원을 했다. 그리고 낭트에 위치한 생 다미앙 병원에서 일을 시작했다. 이 병원은 우리 수녀회 소속 병원이었다. 나는 환자를 돌보는 간호조무사 교육을 받았다. 교육이 끝나고는 정형외과에서 본격적으로 업무를 시작했다. 행복한 시간이었다. 나는 아무것도 계산하지 않고, 내가 쏟아부을 수 있는 이상으로 혼신의 힘을 다했다. 환자들을 들고 가는 일은 다반사였다. 그것은 약한 내 등에는 좋지 않았다. 하지만 나는 등에 신경 쓰지 않았고 그에 관해서 아무 말도 하지 않았다. 우리는 업무와 기도를 병행했는데, 기도하는 시간만 보면 마치 모든 기도를 빠짐없이 수행하며 살아가는 관상 수도사의 생활과 견줄 만했다. 나는 경당에서 병원을, 병원에서 경당을 오갔다. 그래도 좋았다. 꿈을 이뤘기 때문이었다.

2년이 지났다. 수녀복을 입은 나는 낭트 간호 학교에 입학했다. 나는 간호사 공부에 열정적으로 빠져들었고, 밤늦게까지 촛불을 밝히고 공부했다. 사실 이것은 금지되는 행동이어서 여러 차례 장상 수녀에게 혼이 나기도 했다. 우리의 이동 수단은 소형 오토바이였다. 수녀복을 입은 우리는 수녀 모자 위에 헬멧을 썼다. 가정을 방문해 치료하는 수녀들이 많았기 때문에, 수녀회에서 흔히 볼 수 있는 광경이었다. 주일에는 잔뜩 쌓인 설거지거리가 우리를 기다렸다. 그나마 우리가 쉴 수 있는 시간이었다.

1965년에 간호 학교 학위를 취득한 나는 파리 15구 생 랑베르 성당 근처에 있는 생 라파엘 병원의 일반 외과와 정형외과에 배정받았다. 웃음이 떠나지 않았다. 함께 일하는 수녀들의 분위기가 너무 좋아서 환자들의 긴장도 그만큼 풀어졌다. 환자들과 하는 교류는 나에게 진정한 행복이었다. 주간 업무와 당직이 이어졌고 병원 건물 밖으로 나가는 일은 거의 없었다. 휴식 시간에는 병원 정원에서 쉬었다. 내 삶이 완전히 채워지는 기분이었다. 하느님과 다른 사람을 위한 삶. 이보다 더 충만할 수는 없었다.

그러던 중에 등에서 불편함이 느껴졌다. 그러나 아직 정식으로 일하는 게 아니라 2년간의 인턴 과정이었기에 참고 견뎠다. 쉬면 나아질 거라는 생각도 있었다. 점점 허리도 아프기 시작했고 좀 더 지나니 왼쪽 골반부터 다리 밑으로 통증이 느껴지기 시작했다. 좌골 신경통이었다. 1967년 5월, 내 나이 28세에 종신 서원을 했다. 종신 서원을 하고도 아픔을 참고 환자들을 위해 쉼 없이 일했다. 결국 상태가 악화되어 1968년 2월, 수술을 받았다. 그 뒤 7월에 다시 한번 수술을 받았다. 몸이 급속도로 나빠져 그해 5월에 학생과 근로자들이 사회 변혁 운동을 일으켰지만 나는 파리에서 대혼란이 일어났다는 것만 어렴풋이 알았다. 두 차례의 수술을 하고 시간이 지나 1969년이 되었는데도 통증은 계속되었다. 결국 석고로 된 의료용 보호대를 착용해야만 했다. 그러나 이것도 상태를 호전시켜 주지는 못했다. 1970년에 나는 낭트에 있는 수녀회 본원으로 돌아가 의무실에 누워 있을 수밖에 없었다.

천천히 그러나 분명히, 병이 찾아왔다. 병과 함께 통증도 파도처럼 밀려들었다. 간호사로서 환자들과 함께하고자 했던 내 꿈은 부서지고 말았다. 나는 완치되어 소중한 환자들에게 다시 돌아가기 위해서 절실히 병과 싸웠다. 병에서 나을 수 있다는 희망을 품었다. 그렇지만 나는 곧 시험대에 올랐음을 인정해야 했다. 병이 쉽게 낫지 않았기 때문이다. 그래도 반항하지는 않았다. 나의 삶을 드리지 않았는가. 그것도 '모두' 드리지 않았는가? 그랬기에 아직 웃음이 남아 있었다. 단지, 그만큼 눈물도 많이 흘렸을 뿐이었다. 겨우 서른 살, 이렇게 심각하고 고통스러운 병에 걸렸다는 사실이 힘겨웠다. 수녀라고 해서 투병 생활이 어렵지 않은 것은 아니었다. 받아들일 수 없는 상황을 받아들여야만 했다. 제 모습을 감춘 채 냉혹하게 나를 들이마시려는 보이지 않는 바다에 대항해 나는 나을지도 모른다는 희망을 안고 바위에, 제방에 매달렸다.

낭트 수녀회 본원 의무실에는 15세에 우리 수녀회에 입회한 내 동생 모니크도 있었다. 그녀도 매우 아팠다. 조직이 퇴화되는 병에다가 결핵까지 걸린 상태였다. 간호 학교의 학위를 취득했지만 나처럼 병 때문에 간호사 일을 중단해야만 했다. 우리 둘은 모니크가 종신 서원을 한 이후 보지 못하고 있다가 의무실에서 다시 만날 수 있었다. 우리는 서로를 의지하며 시간을 보냈다. 동생이었지만 모니크는 나에게 정신적으로, 영적으로 많은 것을 주었다. 그러나 함께하는 시간은 오래 가지 못했다. 1971년 3월 15일, 우리 가족과 우리 수녀회 공동체의 한 줄기 빛이었던 모니크는 24세의 나이로 세상을 떠났다.

영원한 이별, 다른 이들과의 이별도 힘들었지만 동생인 모니크와 한 이별은 내 가슴을 무너지게 했다. 우리 가족에게도 괴로운 일이었다. 아직도 모니크의 관을 보지 않으려 했던 어머니의 모습이 떠오른다. 남동생 미셸이 오랜 시간 슬픔에서 헤어 나오지 못했던 것도 생각난다. 나는 모니크를 낫게 해 달라고 하느님께 간절히 기도했지만, 내 기도는 이뤄지지 않았다.

몇 달 뒤, 나는 의무실 문턱을 넘어 출구 쪽으로 향했다. 일단 밖에 나오긴 했지만 어려운 상황을 모두 극복해 낸 것은 아니었다. 나는 대부분의 시간을 누워서 지내야 했다. 통증이 심해져 1972년에는 전에 진료를 받았던 정형외과 의사를 다시 찾아가야 했다. 이상하게도 의사는 "아프다는 생각을 하지 말고 산에 가서 맑은 공기를 마시거나 가까운 곳이라도 여행을 떠나 휴식을 갖는 건 어떠세요?"라고 말했다. 나중에야 그가 척추에서 추간판에 이상이 있던 부분을 알아채지 못했다는 것을 알게 되었다. 1968년에 했던 두 번의 수술이 실패한 것도 그 때문이었다. 나는 그를 다시는 보고 싶지 않았다. 생 제르베 레 뱅에 있는 요양원으로 갔다. 그곳에서 만난 의사는 전문적인 느낌이 들어 믿음이 갔다. 그는 나를 리옹에 있는 마쉬 센터의 정형외과 의사에게 보냈다. 다시 한번 사람들은 내 몸에 석고를 부어 보호대를 만들었지만, 보호대를 해도 전혀 소용이 없었다.

1973년 7월에 세 번째로 수술을 했다. 그리고는 신경근염을 진단받았고 완치될 수 없다는 판정을 받았다. 고통 속에서 2년을 보냈다. 1975년에 허리 쪽에 뼈 이식을 하는 네 번째 수술을 했다. 9개월간 석고로 만든 의료용 보호대를 다시 착용했고, 그 뒤에는 합성수지로 된 보호대를 찼다. 상태는 조금씩 호전되었다. 그러나 통증은 이미 만성이 되어 버렸다. 나는 통증과 함께 살아가야 했다.

더 이상 환자들을 간호하지 못하고 스스로 환자가 되어 버린 채, 척추와 좌골 신경에서 느껴지는 통증이 휘두르는 폭력에 지쳐 버렸다. 나는 이제 수녀의 소명을 실현할 다른 방법을 찾아야 했다. 이전에 모니크는 활동이 영성 생활이나 삶에서 마지막까지 추구해야 하는 가치가 아니라고 가르쳐 주었다. 하지만 내게는 한자리에 가만히 있는 일이 힘들었다. 나는 우리 수녀원이 있는 노르 지역의 생 솔브에서 얼마간 지냈다. 성숙의 시간이었다.

그곳에서 나랑 생일이 하루밖에 차이가 나지 않아 거의 쌍둥이처럼 지냈던 수녀와 함께 수녀들과 여성 평신도들이 일상에서 관상 생활을 하는 새로운 종류의 프란치스코 자매회를 구상했다. 우리는 수녀원에서 이 계획을 구체적으로 세웠고, 1977년 6월 18일, 파리 교외 셸에서 수녀인 아니크, 평신도인 욜랑드와 함께 처음으로 그 계획을 실행했다. 가난한 사람과 노숙자를 여러 명 재워 주었고 주말에는 문제 있는 가정의 아이들도 들여서 보살폈다. 방황하는 청년들도 많이 왔다. 아니크와 욜랑드가 병원에서 일할 때, 나는 건강 상태를 고려해서 자매회에 머물렀다. 수녀의 삶으로서는 상당히 혁신적인 일이었다.

'복음 나눔'의 밤이나 '성가가 함께하는 기타 연주의 밤' 행사 때에는 교리반 학생들이 정기적으로 자매회를 찾아왔다. 거기서 나는 셸 출신의 소녀 두 명을 만났다. 우리 수녀회에 입회해 오늘날 장상 수녀를 보좌하게 되는 브리지트와, 장상 수녀가 되는 아니였다. 다른 학생들은 식별의 시간을 가지고 결혼을 할지 수도자가 될지 방향을 잡았다.

의료용 보호대를 하고 다량의 진통제를 먹어야 했던 시기였지만 멋진 추억을 많이 간직할 수 있었다. 특히 성탄절을 잊을 수 없다. 우리는 길모퉁이에서 노숙자들과 함께하는 식사를 준비했다. 즉석에서 간이 깔판 위에 준비한 식탁이었지만 그 주위로 서른 명 가까이 되는 사람들이 모였다. 얼마나 즐거웠는지 모른다. 나는 몸이 아팠어도 보호대와 약의 힘을 번갈아 빌리면서 기타를 연주했다. 삶을 향한 열정이 어찌나 뜨거웠던지 아팠어도 몸의 불편을 느끼지 않을 정도가 되었다. 보호대를 착용한 채로 오래된 자동차의 핸들을 잡고는 청년단과 베즐레로 순례를 떠나기까지 했다. 이 자동차로 아시시에 순례도 떠났고, 캠핑 장비를 실은 트레일러를 연결해 타미에로 청년 캠프도 갔다. 하느님을 위해서라면 어떤 난관 앞에서도 물러서지 않았다. 미친 짓처럼 보이겠지만 열정적인 일이었다. 나는 청년들과 함께하며 고통을 이겨 냈다.

10년이 흘렀다. 나의 열정에 주춤거리나 싶었던 적군, 병이 열세를 만회했다. 1987년에 다발성 신경근 병증[9]이 나타나며 건강 상태가 더 악화되었다. 신경과 의사는 나에게 장애 판정을 내렸다. 나는 정말 많이 아팠으며, 때때로 감각이 없어 넘어지기도 했다. 통증을 치료하는 강도는 세졌다.

나는 1990년에 마른 지역에 있는 클라라 수녀원에서 관상 생활을 체험하도록 허락해 달라고 요청했다. 이는 내 상황을 제대로 보기 위한 일종의 안식년을 달라는 요청이었으며 불가능한 일은 아니었다. 이야기는 잘되어서 클라라 수녀원으로 떠나 관상 생활을 할 수 있었다. 그러나 3개월밖에 머무를 수 없었다. 1988년에 심장 마비로 남편을 잃고 혼자 아이 다섯을 키우던 여동생 세실이 병에 걸렸기 때문이다.

나에겐 또다시 마음이 찢어지는 끔찍한 고통이었다. 아이들에게 뭐라고 말해야 할까. 아이들은 아버지를 잃었고, 이제 어머니마저 병원에 입원했다. 첫째는 릴에서 대학을 다녀 어린 동생들을 돌볼 수 없었다. 나는 장애인이었지만 본래 관상 생활을

---

[9] 척추 추간판 질환(디스크)으로 인해 신경근, 신경 뿌리에 생기는 병이다.

하는 수녀가 아니어서 비교적 자유로웠다. 또 나는 여동생의 아이 중 한 명의 대모였다. 답은 명확했다.

나는 안식년을 중단했다. 우리 수녀회에서는 내가 아이들을 돌보고 아픈 동생을 보살피며 이 상황을 헤쳐 나갈 수 있도록 장기간 휴가를 주었다. 그때 어머니도 암이 재발하여 점점 삶의 종착점으로 가고 있었다. 나는 어머니가 긴 고난의 끝에 다다를 때까지 동생들과 함께 어머니의 곁을 지켰다. 어머니는 1991년에 주님 곁으로 떠났다.

사춘기였던 조카들은 자신이 겪은 모든 일을 마음에 새긴 채 살아가야 했다. 나는 조카들을 위해 내가 할 수 있는 일을 했다. 이 시간은 내게 정신적인 어려움 속에서도 가정을 가꾸고 아이들을 올곧게 키우는 것이 무엇을 의미하는지를 구체적으로 알게 해 주었다. 나는 기도하는 삶과 수녀로서의 삶을 할 수 있는 한 계속했고, 본당의 성령 쇄신 기도 모임에도 나가며 정신적인 고통을 달래려 했다.

정신적으로 힘든 와중에 여전히 찌르는 듯한 육체적인 고통이 더해졌다. 가혹한 질병은 본연의 음산한 업무를 내 몸 안에서 완수해 냈다. 1992년에는 다리 통증을 진정시키기 위해 척추에 신경 자극기를 삽입해야 했다. 그리고 1994년에는 모르핀을 투여하기 시작했다. 힘든 시기였지만 나에겐 기도가 있었다. 그리고 기도의 옆에는 또 다른 구원의 동아줄이 놓여 있었다. 음악과 이콘이었다. 나는 기도를 하고 악기를 연주하고 셸에서 배운 이콘 작업을 하면서 힘든 시기를 이겨 내려 했다. 이 시기를 이겨 내는 건 힘들었다. 그러나 나는 절대로 내 고난을 헤아리지 않았으며 사랑으로 끝까지 헌신했다. 그렇게 7년간 가족과 함께했다. 강인한 성품을 부모에게서 물려받은 조카들이 어려운 시기를 넘기고 제 동생들과 어머니인 세실을 돌볼 수 있게 되자 나는 수녀의 삶으로 돌아갔다. 1997년이었다.

일시적으로 병이 호전되었다. 우리 수녀회는 내가 새로운 경험을 할 수 있도록 파레이 르 모니알의 클라라 수녀회에 입회하는 것을 허락했다. 내가 여전히 관상 생활을 지향했기 때문이다.

두 달간의 체험 기간이 끝나고 나는 클라라 수녀회에 계속 머무르기를 요청했다. 클라라 수녀회에서 내 길을 발견했고 정말 행복했다. 청원기 1년을 지내고, 1999년 2월 2일 클라라 수녀복을 입게 되었다. 정말 날아갈 듯이 기뻤다. 앞으로 벌어질 일은 걱정하지 않았다. 그러나 병은 세가 약해졌던 시기를 지나 다시 힘을 회복했다. 신경은 악화되었고, 나는 입원과 퇴원을 반복했다. 몇 번째 입원인지 더 이상 셀 기력도 없었다. 보조기를 차고 모르핀을 투여하는 것뿐 아니라 이제는 배뇨를 위해 자가 도뇨를 해야 했다. 클라라 수녀원에 있었지만 의무실에서 하루하루를 보내야 했다.

시련은 계속되었다. 몇 주 후 1999년의 성금요일, 여동생 세실의 갑작스러운 사망 소식을 들었다. 칼에 찔린 듯 가슴이 아팠다. 고통은 엄청났다. 말로 표현할 수가 없었다. 하느님의 은총이 없었다면 견디지 못했을 것이다. 나는 조카들 곁에 있고 싶었다. 그러나 내가 길을 떠날 만한 몸 상태가 아니었기에 더 고통스러웠다. 나는 조카들과 전화로 장례식을 준비했다. 이 고통을 어찌해야 할까. 세실은 너무 많은 고통을 받았기에 하늘로 갈 수밖에 없었으리라. 나는 그렇게 믿었다. 그래야만 위안이 되었다. 세실은 그토록 사랑했던 남편을 하늘에서 다시 만났을 것이다.

몇 달이 지났다. 나는 그동안 클라라 수녀원 의무실에 틀어박혀 지냈다. 클라라 수녀회와 프란치스코 수녀회 중 한 곳을 선택해야 할 시간이 다가왔다. 지금 내 상황으로는 수련기의 두 번째 해를 시작할 수 없었다. 그래서 2000년 2월 2일, 나는 낭트의 프란치스코 수녀원 의무실로 돌아가야만 했다.

클라라 수녀회에서 겪은 실패, 새로운 보조기의 삽입, 세실의 죽음, 부모를 잃고 고아가 된 조카들, 이 모든 상황은 나를 깊은 우울 속으로 몰아넣었다. 항상 씩씩하고 쾌활한 성격을 지닌 나였지만 이건 너무 지나쳤다. 나의 삶과 불행을 주님께 완전히 내어 드렸지만 더 이상은 무리였다. 더는 나아갈 힘이 없었다. 나는 간신히 이 상황을 주님께 맡기려는 생각을 할 수 있었다.

사기가 극심하게 저하되고, 의욕이 상실되어 의기소침해졌다. 요즘 흔히 말하는 '번아웃 증후군'은 근거 없는 말이 아니다. 때로는 몸이 더 이상 생각대로 따라오지 않을 수 있다. 몸의 연료가 떨어지면 우리 의지도 멈춰 버릴 수 있다. 아무것도 하지 못하고, 더 이상 나아갈 방법도 없다. 나는 이 시기를 보내며 다른 이를 내 생각대로 판단해서는 안 된다는 것을 배웠다.

낭트 대학 병원 통증 의학 센터에서 나를 맡았다. 병은 계속 악화되었다. 2005년에는 왼쪽 발이 마비되기 시작했고 발 모양이 변형되어 발꿈치가 땅에 닿지 않게 되었다. 똑바로 서려면 다리를 고정하는 보조기를 착용해야 했다. 걷는 것은 점점 힘들어졌고, 스스로 움직일 수 있는 범위도 점점 좁아졌다. 수녀원 의무실과 통증 의학 센터를 오가며, 기도하고, 악기를 연주하고, 그림을 그리며 시간을 보냈다. 2000년에 낭트에 돌아왔을 때 동료 수녀들이 선물로 준 '키타라'[10]라는 악기가 도움이 많이 되었다. 부드러운 소리를 내는 이 악기를 연주하며 기도했다. 키타라와 아름다운 이콘은 동료 수녀들 가운데에서 내가 설 곳을 찾는 데 도움을 주는 도구였다. 신체적인 통증을 진정시켜 주는 것은 아니었지만, 심리적, 영적인 위안을 주는 진통제였다. 나는 조금씩 끝이 보이지 않던 절망에서 빠져나왔다.

그러나 시련은 아직 끝나지 않았다. 나보다 다섯 살 어린 동생 미셸이 암에 걸린 것이다. 미셸은 이미 2001년에 폐 수술, 2005년에는 후두 수술을 받았다. 이겨 내겠다는 굳은 의지가 있었지만 병은 점점 그의 몸을 점령해 갔다. 2006년 5월 2일, 미셸은 결국 하늘로 가고 말았다. 남매 중 네 번째 죽음이었다. 우리 6남매는 이제 첫째인 나, 막내인 조르주만이 살아 있었다.

'이유가 뭐죠?

주님, 이유가 뭐냐고요!'

이번에는 정말, 너무 심했다. 더 이상 견딜 수 없었다. 나는 예수님의 십자가에 매달렸다. 십자가 발치에 선 성모님을 보았다. 나에게 기도를 드리기 위해 남은 것은 눈물뿐이었다. 그랬

---

[10] 고대 그리스의 현악기. 아폴론이 사용하던 악기였으며 다섯 줄에서 열한 줄로 된 악기다. 리라와 비슷하게 생겼으나 크기는 더 크다.

다. 그렇지만 눈물도 기도가 될 수 있다. 이것을 숨겨서는 안 된다. 눈물은 결코 헛되지 않다. 나는 절망에 빠진 사람들에게 이 말을 꼭 해 주고 싶다. 인간은 내면에 저력을 감추고 있으며 그 힘을 의심하지 말아야 한다고 말이다. 이는 내 경험에서 나왔다.

남동생의 죽음은 그동안의 무거운 악재로 가득 차 있던 물통을 넘치게 한 마지막 한 방울과 같았다. 힘든 일을 겪은 나를 배려하여 장상 수녀는 내게 낭트 수녀원 의무실을 떠나 보베 근처의 브렐에 있는 수녀회로 가는 게 어떻겠냐고 제안했다. 내 몸 상태도 비교적 안정되어 길을 떠날 수 있었기 때문이다.

2006년 12월 8일, 수녀회가 있는 피카르디 지역의 브렐에 도착했다. 그리고 아직 여기서 산다. 이곳에서 2008년 7월에 나에게 루르드 순례를 제안한 의사 크리스토프 퓌메리를 만났다. 그리고 루르드 순례는 삶의 전환점이 되었다. 모든 것이 섭리였고, 모든 것이 은총이었다. 그렇다. 하느님은 자애로우시다.

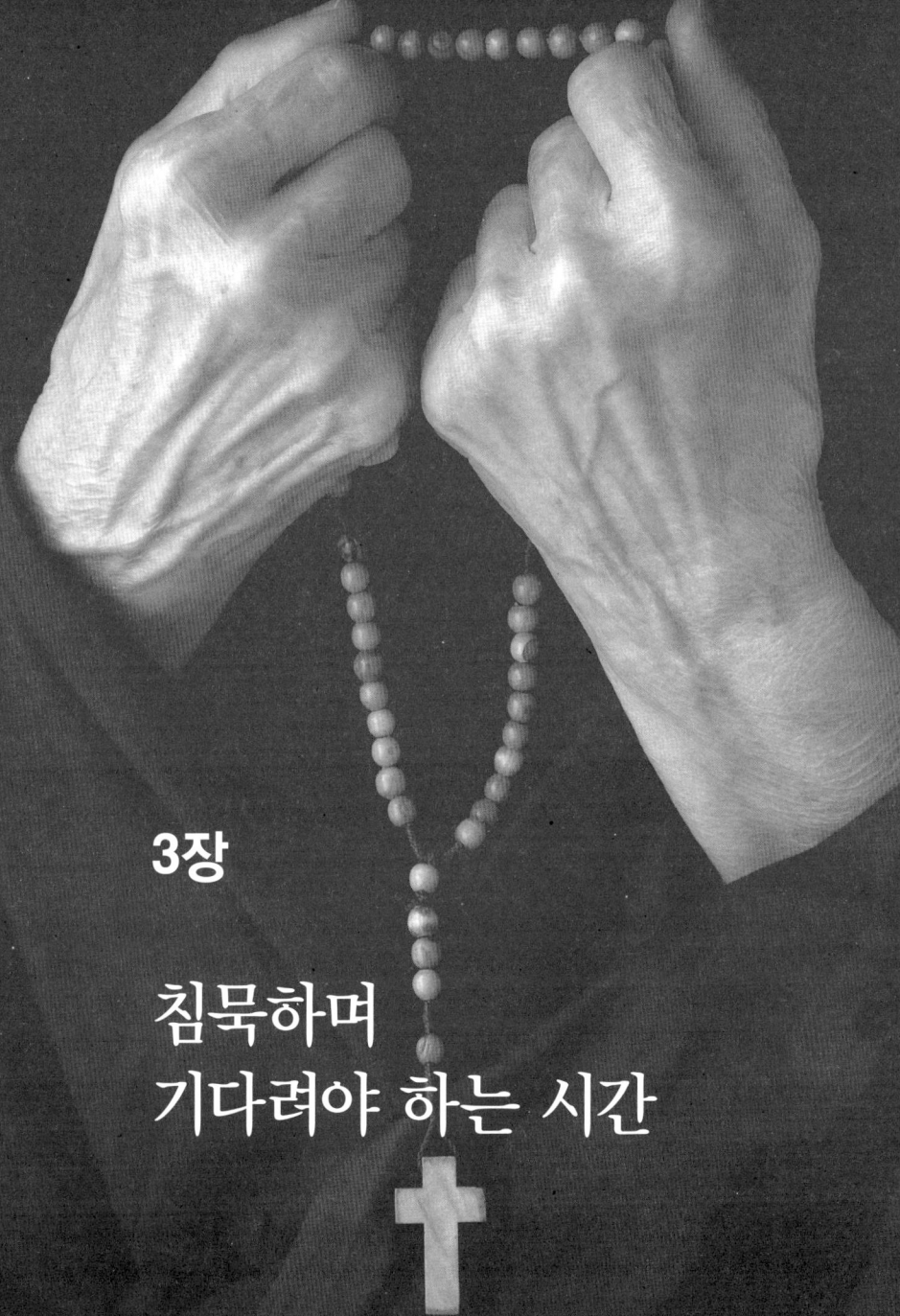

"누구에게도, 그 어떤 말도 하지 마라."

말하기는 쉽다. 나는 비교적 말이 많은 편이지만 말을 아끼는 방법도 안다. 이는 수녀의 기본자세다. 수녀는 어느 정도는 사람들의 이야기를 들어야 하며 자신의 이야기는 하지 않아야 한다. 사람들은 자신들의 삶과 걱정거리를 이야기한다. 속내를 누군가에게 털어놓으며 기분이 나아진다. 수녀는 고해성사를 줄 수 없는데도 많은 사람들이 사적인 비밀을 털어놓는다. 그리고 이 비밀은 지켜진다. 서로 마음의 약속을 맺었기 때문이다. 사실 말은 그렇게 중요하지 않다. 비탄 속에 빠진 이들의 마음은 바라만 봐도 충분히 알 수 있다. 그들에게 필요한 일은 무거운 짐을 내려놓는 것이다. 수녀는 그러한 그들의 내면에 있는 많은 고통을 잠시 맡아 주어 그들을 보듬으려 한다. 예수님은 사람들에게 이렇게 하라고 하셨다.

사람들이 우리에게 털어놓은 이야기를 간직하는 것은 우리를 신뢰해 준 이를 위해 그의 보물을 존중하고 세심히 다룬다는 최상의 표현이다. 그들의 이야기를 들으면서 사생활을 엿보려 한다거나 적절치 못한 호기심을 가지는 법은 절대로 없다.

장상 수녀가 나에게 아무것도 말하지 말라고 한 것은 감추기 위해서가 아니라 보호하기 위해서였다. 기본적인 신중함을 갖자는 것이었다. 아직 아무것도 검증되지 않았고 병이 재발할지도 모르는데 어떻게 치유되었다고 외치고 다니겠는가.

나는 나았지만 당황스러움과 충격에서 벗어나지 못했다. 왜 나였을까? 과연 치유 상태가 지속될까? 단 몇 분 만에 내 몸이 다른 사람과 뒤바뀐 것 같았다. 상상할 수 있겠는가? 직접 겪은 나도 실감하지 못했다. 심지어 10년이 지난 지금도 믿을 수 없다. 배에 비유하자면 선박 검시대 위에서 꼼짝도 못 했던 몸이 이제는 파도에 맞춰 서핑을 할 수 있게 된 것이다. 전능하신 하느님은 하실 수 있다. 나는 그렇게 믿는다.

나는 지붕이란 지붕 위에는 전부 올라가 나에게 일어난 일을 세상에 외치고 싶었다. 내 성격상 실제로 기쁨에 겨워 흥분한 채로 공공장소에서 주님의 기적을 알리고자 길거리로 뛰쳐나갈 수도 있었다. 그러나 당분간은 발설하지 말아야 했다. 장상 수녀의 결정은 이성적이었다. 지금 이 순간은 장상 수녀의 결정에 따라야 했다.

그러나 비밀이 다 그런 것처럼 몇 명은 내 비밀을 알고 있었다. 나에게 일어난 일을 처음으로 직접 목격한 마리 알베르틴 수녀 말고도 올케인 주느비에브가 있었다. 주느비에브는 내가 루르드에 다녀온 며칠 후에 나를 보러 왔다. 그날은 7월 12일이었고 내가 치유된 다음 날이었다. 약속 시간이 되자 우리 작은 수녀회 공동체의 초인종 소리가 들렸다. 나는 문을 열어 주러 나갔다. 나를 보던 주느비에브의 눈이 수프 그릇처럼 동그랗게 커졌다.

"아니, 도대체 어떻게 된 거예요?"

"쉿!"

"왜 아무 말도 안 했어요?"

"이야기해 줄게요."

우리는 팔짱을 끼고 근처 숲에 가서 오랫동안 산책했다. 불과 며칠 전만 하더라도 나는 10미터 정도밖에 걸을 수 없었다. 그것도 온갖 애를 써야 가능했고, 걷고 나면 기진맥진해 버렸다. 그러던 내가 이제는 지치지 않고 작은 초목들 사이를 걸어 다니고 있었다. 나는 주느비에브에게 루르드에서 있었던 일, 또 돌아온 후에 일어난 일을 말해 주었다. 우리는 오랫동안 걸었다. 수녀원으로 돌아오는 길에 나는 우리가 5킬로미터나 걸었다는 것을 깨달았다. 힘들지도 않았고 피곤하지도 않았다. 정말로 다 나았다는 것을 인지한 순간이었다.

나는 아무것도 말하지 말라는 장상 수녀의 지시를 일부 어긴 셈이었지만 그렇다고 더 이상 틀어박힌 채 살 수는 없었다. 주느비에브와 한 약속도 취소할 수 없었다. 주느비에브는 내 기운을 북돋아 주려고 멀리서 나를 만나러 온 가족이었기 때문이다.

그다음 날인 7월 13일 일요일, 똑같은 상황이 벌어졌다. 이번에는 성당에서 미사를 참례할 때였다. 나는 우리 수녀회에서 하는 미사 전례에서 키타라를 연주해 왔다. 그날 나는 내 모습이 잘 띄지 않도록 몸을 움츠렸다. 일찍 가서 성가대석에 앉아 있었기 때문에 일어나고 앉기만 하고 거의 왔다 갔다 하지 않았다. 그런데 지나가던 수녀 한 명이 내 왼쪽 발을 가만히 쳐다보고 있었다. 전에는 마비된 채 직각으로 휘어져 있었기에 보조기를 대고 움직이지 않던 그 발로 내가 박자를 맞추는 걸 본 것이다.

미사가 끝나고 그 수녀가 나에게 다가오더니 이렇게 물었다.

"미사 중에 왼쪽 발로 박자를 맞추던데요?"

"쉿, 아무것도 말하면 안 돼요."

"이런 일이 어떻게 가능하죠? 무슨 일이 일어났군요!"

"……루르드에 다녀왔어요. 그리고…… 병이 나았어요."

깜짝 놀란 그 수녀는 다정하게 나를 안아 주었다. 그 수녀는 공공연한 비밀이 되어 버릴 내 비밀을 주일마다 지켜 주었다. 내 비밀에 관해 물어보는 사람은 적었다. 내가 이 소도시에 온 것이 1년 반 정도밖에 안 되었기에 나를 아는 사람이 아직 많지 않았던 이유도 있었다. 또한 기적이 아닐까 추측하는 사람들도 성급하게 결론 내리기 전에 의학계와 교회의 판단을 기다리는 게 중요하다고 생각했다.

이제 전투병의 여정이 시작되었다. 나는 모든 환자의 치유를 진심으로 바라지만, 그 누구도 이 전투만은 겪지 않았으면 좋겠다.

현재의 의학 지식으로 내 상황을 정확하게 설명할 수 없다고 해도, 내가 완치되었다는 확인을 해 주기까지 의학계가 이 정도로 주저하리라고는 단 한 순간도 생각해 본 적이 없다. 또한 하느님께서 개인의 삶에 개입하셨으며, 기적이 일어났다고 인정하기까지 교회가 이 정도로 신중하리라고도 상상하지 못했다.

의사들과 성직자들이 의문을 갖고, 내게 일어난 일을 체계적이고 철저하게 검토하면서 나는 완전히 발가벗겨진 기분이었다. 더 적절한 표현은 없을 것이다. 내가 어떤 사람이었고, 지금은 어떤 사람이며, 또 앞으로는 어떤 사람이 될지 모든 것이 낱낱이 발가벗겨졌다. 신체적, 생리학적, 심리학적, 정신의학적, 그리고 영적으로, 이렇게 깊이 누군가가 들여다볼 일은 내 삶에서 두 번 다시는 없을 것이다. 수많은 검사를 했고 면담을 받았다. 합리적인 설명을 얻고자 진행된 것이었지만, 혹시 모를 흠을 찾거나, 기만을 하는 건 아닌지, 사기 행위를 하는 건 아닌지 추적하는 것이기도 했다. 이렇게 많은 검사를 하고 면담을 받는 일도 앞으로 절대 없을 것이다.

가진 모든 요소를 탁자 위에 올려놓은 뒤 찬찬히 검토하고 평가하며, 반박할 것이 있으면 반박하고, 확인할 것이 있으면 확인하는 것이 이 모든 조사와 검사, 재조사와 재검사의 목적이었다. 나는 단순한 비판을 넘어선 분석 방법에 동의하며 나를 세세히 조사한 과학자들과 의료진들을 무한히 존중한다. 그러나 심사 과정이 길고 까다로웠으며, 가볍게 넘어간 것이 하나도 없었다는 사실을 말하지 않는다면 거짓말을 하는 셈일 것이다. 나의 치유는 기적에 관한 일이었고, 사람들은 일종의 불신이라는 선입견을 갖고 기적과 마주하기에 더욱 정밀하게 심사해야 했다.

이 기적은 나의 담당 의사였던 퓌메리가 없었다면 일어나지 않았을 수도 있다. 나는 그의 단골 환자였다. 그는 내게 유용했던 모르핀을 매달 처방해 주었고, 모르핀은 내 몸 여기저기, 특히 척추에서 느껴지는 견딜 수 없는 고통을 완화시켜 주었다.

의사이자 신앙인인 퓌메리는 루르드로 성지 순례를 가 보는 것이 어떻겠냐고 나에게 제안했다. 나는 그런 그에게 나를 위한 기적이 일어날 리가 없다며 거절했었다. 그러나 그의 제안이 지닌 평온하고 단순한 힘 덕분에 결국 나는 그와 교구의 다른 환자들과 함께 루르드로 성지 순례를 떠나는 기차를 타게 되었다.

7월 14일 이른 아침, 그리스도의 무덤으로 달려간 복음서 속 마리아 막달레나처럼 마음속에 이 소중한 소식을 안고서 피에르 에 마리 퀴리가 20번지로 향했다. 내가 그날의 첫 번째 환자였다. 들뜬 나머지 '크리스토프 퓌메리 의사'라는 진료실 명패도 눈에 들어오지 않았다. 퓌메리가 문을 열어 주었다. 중요한 것은 단 하나였다. 그에게 내 새로운 상태를 말하고 보여 준 다음, 그의 소견을 듣고 진료를 받는 것이었다. 자유자재로 움직이는 내 몸이 확실한 증거였지만 그래도 내가 다 나았으며 꿈꾸는 것도 아니고 미치지도 않았다는 것을 확인해야 했다.

나는 이 만남이 내 눈물샘을 자극할 것이라고는 예상하지 못했다. 모든 일의 시작은 이 진료실이었다. 지금, 나는 긴 여행의 마지막 단추를 채우고 있었다. 그리고 또 하나의 여행, 치유 판정을 받기까지의 기나긴 의학 여행을 새롭게 시작해야 했다.

진료실에 들어가자 기별도 없이 눈물이 분수처럼 쏟아져 내렸다. 감동과 행복, 충격의 눈물이었다. 불과 나흘 전인 7월 11일에 내게 일어났던 일이 아직까지 당황스럽게 느껴졌다. 마음껏 울어 몸에 힘이 다 빠진 것 같았다. 나는 주님께서 성모님의 기도를 듣고 나를 낫게 해 주셨다는 것을 알았다. 하지만 내가 치유될지 모른다고 가장 먼저 믿어 준 사람은 다름 아닌 퓌메리였다. 그에게 느끼는 이 고마움을 어찌해야 할지 알 수 없었.

퓌메리는 대단한 일이 일어났음을 금방 알아차렸지만, 경험이 많은 의사였기에 자신의 감정을 가라앉혔다.

"모리오 수녀님, 무슨 일이 생겼나요?"

"모르겠어요. 선생님……."

"행복하네요."

명쾌하고 간결한 그의 대답은 곁눈질로 나를 계속 흘끔거리던 간호사에게도 잘못 본 게 아님을 확인시켜 주었다. 곧바로 임상 검사를 진행했다. 수십 년 전부터 앓아 온 만성적인 질병으로 악화되었던 내 몸 상태가 '육안으로 보기에 이상이 있어 보이지 않는다.'라고 증명되었다.

이상이 있어 보이지 않는다. 이 한마디가 내 머릿속을 맴돌았다. 내가 꿈을 꾸는 것이 아니며, 내 정신이 온전함을 증명해 준 첫 번째 답이었다. 이로써 퓌메리는 병으로 뒤틀린 내 몸, 그리고 치유된 몸도 보았다. 예전에 고통만이 가득했던 몸과 고통 없고 변화된 몸을 모두 보았다. 퓌메리는 내 병이 어느 정도였는지 알았다. 가혹하고도 재빠르게 나를 갉아먹던 이 병이 갑자기 소멸된 것의 의미도 알았다. 그는 예전에 병 때문에 내게 재앙이 올 거라고 말했었지만 지금은 병이 모습을 바꿨다고 진단했다.

퓌메리는 나중에 기자에게 이렇게 털어놓았다. "저는 모르핀 투여량을 조절해 드리려고 매달 수녀님을 진찰했습니다. 수녀님은 중증 장애인이셨지요. 그런데 루르드에서 돌아오신 후에는 아무 증세도 보이지 않았습니다. 예외적인 일이었습니다. 육안으로 봤을 때 수녀님은 완치된 상태였습니다. 너무 놀라서 주저앉을 뻔했어요."

그러나 나이 지긋한 이 베테랑 의사가 정말 주저앉을 정도로 놀란 것은 아니었다. 그는 40년 전부터 1년에 한 번씩 환자들을 루르드로 데려갔었다. 나중에 알게 된 사실이지만 그는 이미 한 번 이상 '기적'을 본 적이 있었다. 그래도 그는 내 경우를 보고 놀랐다. 모르핀을 갑자기 중단했는데도 금단 현상이 전혀 없었기 때문이다. 사실 통증을 잠재우긴 하나 낫게 하지는 않는 모르핀, 이 진통제는 아편이 주성분이다. 그래서 그 친구의 끔찍한 발톱에 걸려들면 빠져나오기가 매우 어렵다. 나는 진료실을 나왔다. 평온과 기쁨 속에서 완전히 안정된 상태였다. 새로운 삶이 시작되었다.

그러나 이 새로운 삶도 온전히 평온하게만 흘러가지는 않았다. 며칠 뒤 2차 검사를 하기 위해 퓌메리를 다시 찾아갔다. 대화 중에 그가 제안했다.

"보고서를 작성해야 할 거예요."

"무슨 보고서지요?"

"수녀님의 완치 사례를 조사해 달라고 의뢰하기 위한 것입니다."

"어디서 조사하나요?"

"루르드 의료국입니다."

루르드. 피레네 산맥 기슭에 있는 이 도시의 이름을 들을 때마다 찌릿한 느낌이 들었다. 마사비엘 동굴, 환자 행렬, 성체 행렬. 감사하게도 내가 경험했던 강렬한 순례가 떠올랐다. 그러나 루르드 의료국에 관해서는 한 번도 들어 본 적이 없었다. 어쩌면 지나쳤을 수도 있었지만 정확히 이렇게 표시된 장소는 본 적이 없었다. 이곳이 어떤 곳일지 좀처럼 감이 오지 않았다. 나는 나중에야 알게 되었다. 설명되지 않는 치유 사례들은 모두 이곳에 접수되며 의학적으로 낱낱이 검토된다. 나를 기다린 것은 새로운 '진찰'이었다.

결정은 나 혼자 내릴 수 없었다. 교회 절차 또한 밟게 될 것이므로 장상 수녀와 보베 교구 주교의 동의가 필요했다. 교회 절차는 체계가 잘 잡혀 있었고, 우연의 여지는 단 하나도 남기지 않았다.

우리 수녀회는 반대하지 않았다. 보베 교구 주교의 동의를 얻어 절차를 밟아 의료 보고서를 준비해 루르드 의료국에 제출하라고 나를 격려해 주었다.

9월에 보베 교구 주교와 만나기로 약속이 되었다. 주교는 가톨릭교회에서 사제인 동시에 교구의 책임자다. 사제로서 각 교구에 있는 신자들을 책임질 임무를 교황님으로부터 위임받아 복음화와 현장 선교에 최우선으로 힘쓰는 이다. 교구 내에서 가톨릭의 권위를 상징하기도 한다. 그는 지역 교회에 기준이 되는 인물이며 무언가를 결정할 수 있는 권한을 가진 사람이었다. 2008년 보베 교구의 주교는 제임스였다.

주교관 주차장에 주차를 하는데 마음이 진정되지 않았다. 살면서 처음으로 주교 사무실에 발을 들였다. 보통 주교를 방문하는 일은 중요한 사건이 있을 때뿐이다. 주교와 약속을 잡았으니 내 경우도 중요한 사건이어야 했다. 나는 아직도 이 경이로움에서 헤어 나오지 못했고, 왜 나였을지 항상 궁금했다. 이미 8월도 다 지나갔다. 이전과 다른 새로운 삶에 익숙해지는 데는 시간이 필요했다. 새로 얻은 듯한 삶이 행복했고 앞으로도 분명 행복할 것이었다. 나는 연륜이 쌓인 수녀였지만 그날은 새로 수녀가 된 것처럼 느껴졌다.

간호사였던 나는 내 의료 기록들을 전부 보관해 왔다. 이 서류들은 지나온 내 병의 끔찍했던 단계들을 모두 알려 주며 내가 실제로 어떠한 상태였는지를 보여 주는 귀중한 자료였다. 나는 주교에게 이 자료들을 들고 갔다. 식별하는 일은 주교의 임무다. 그는 영적인 영역에 숨은 기만행위를 식별하는 힘을 가진다. 물론 그 식별이 분명하지 않을 수 있다. 그러나 세례를 받은 모든 사람을 보살피러 오시는 성령께서, 하느님에게서 비롯된 일인지 아닌지를 식별하는 주교를 도와주시리라 생각한다. 나는 성령의 힘을 믿는다.

제임스 주교는 미소를 머금은 채 사람들을 친근하게 대했지만 이성적이라는 평도 듣는 분이었다. 사람들은 그에게 이야기를 꾸며 내서 하지 못했다. 나도 그에게 만들어 낸 이야기를 하러 온 것은 아니었다.

우리는 오래 이야기했다. 나는 그에게 모든 것을 말했다. 가톨릭 신자가 아닌 이들 중에 수녀는 사제에게 복종하고, 신부는 주교에게 복종하며 주교는 교황에게 복종해 모든 결정의 과정이 군대식으로 이루어진다고 생각하는 사람도 있다. 그러나 교회는 군대식으로 복종하지 않는다. 맹목적이고 어리석은 순종을 하지 않는다. 오로지 하느님께 자신을 내어 맡기는 법을 기르고 사랑으로 하느님의 뜻에 순명하는 것이다. 이는 권위적이 아니라 형제 같은 분위기에서 이루어지는 순명이다.

나는 신앙 안에서 사제이며, 나와 대등한 형제인 주교와 이야기했다. 나를 판단하거나 깎아내리지 않고, 내가 경험한 경이로움을 공유할 누군가에게 이야기한 것이다. 물론 그는 내 사례를 두고 자신만의 식별 업무를 수행하겠지만 그가 나의 사람 됨됨이를 판단하는 것은 아니다. 그는 나를 있는 그대로의 나로 여긴다. 오직 나라는 대상에 나타난 현상이 사실인지만 판단할 뿐이다. 그는 나의 상황을 최대한 객관적으로 보기 위해 과학자처럼 하나하나 합리적으로 고려할 것이다. 그 후에는 그 일을 신앙에 비추어 검토할 것이다. 교회가 이성적이지 않고, 모든 것을 신앙 안에서만 본다고 생각하는 사람들도 있는데 이는 오해다. 이성은 신앙과 함께한다. 이성이 신앙을, 신앙이 이성을 손상시키는 법은 전혀 없다. 신앙에서 이성이 중요시되지 않는다면 내 사례를 두고 교회가 이 정도로 주저하지는 않았을 것이다.

또 다른 비밀을 털어놓자면 너무 많은 시험과 여러 절차, 검사와 재검사의 홍수 속에서 나는 내 치유가 절대로 기적으로 인정될 수 없을 거라고 생각했다.

치유가 기적으로 인정받는 첫 번째 과정이 내 눈앞에서 전개되었다. 제임스 주교는 교구에서 떠난 순례 여행을 기억했다. 그때 함께했던 그는 참가자들의 열정에 깊은 인상을 받았다고 했다. 그는 나에게 이 같은 일이 일어나서 기쁘며, 내가 치유되었음에는 한 점의 의심도 없다고 했다. 그러나 우선은 거리를 두고 지켜보아야 한다고 했다. 신중하게 지켜보자고 한 것은 그가 신앙심이 부족해서가 아니라 시간을 갖고 조사할 필요가 있었기 때문이었다.

"검증되거나 공식화되기 전까지는 이 일에 관해 이야기하지

맙시다."

"네, 그럼요. 주교님."

"이 일을 비밀로 해야 한다는 걸 이해하실 겁니다. 그렇다고 수녀님이 하느님께 감사드리는 일을 막는 것은 아닙니다."

"조심하겠습니다. 감사합니다."

침묵하며 기다리는 시간이 필요했다. 그때 나는 그렇게 하겠다고 받아들였으나, 그것이 자그마치 10여 년이 걸릴 줄은 상상도 못 했다. 치유가 순식간에 일어난 것과 비교하면 이 일의 진행 속도는 너무 느렸다. 그래도 40년이 넘는 투병 생활을 생각하면 나는 간신히 살아난 것이기에 하느님께 감사드렸다.

사실 예전에 일시적으로 병이 나았던 적이 있었다. 우리 수녀원의 장상 수녀가 신중하게 지켜보자고 했던 것도 바로 그래서다. 그냥 지나가는 현상일 수도 있고 병이 재발할 수도 있으니 기다려 보자는 것이었다.

나 역시 같은 생각이었다. 그러나 기쁜 마음에 가볍게 뛰어다녀도 전혀 아프지 않았다. 내 또래들과 비교해서도 몸 상태는 최상이었다. 그래도 어느 날 모든 것이 예전으로 돌아갈 수 있다는 불안감은 항상 남아 있었다. 언제 터질지 모르는 시한폭탄을 안고 사는 것과 같았다. 신앙심이 부족해서 이러한 감정을 느끼는 건 아니었다. 인간적인 감정이었다. 수녀가 된다고 해서 인간적인 성격까지 없어지지는 않기 때문이다.

이전에 일시적인 차도가 있었던 건 1990년대였다. 우리 가족에게 어려움이 닥쳐와 도움이 필요했던 가족을 위해 얼마 동안 집에 가 있던 때였다. 나는 수녀원을 잠시 나가 있어도 된다는 허락을 받았다. 수녀원이라는 공동체에서는 멀리 떨어져 있었지만, 나는 어려운 상황을 극복하기 위해서 영적인 도움이 필요했다. 그래서 성령 쇄신 기도 모임에 나갔다.

이는 대다수 교구에 있는 모임이다. 참가하는 사람은 주로 평신도고 성령 쇄신 기도를 하기 위해 일주일에 한 번 모인다. 나는 이 기도를 통해 성령께 간청을 드렸고, 주님이 우리에게 주신 모든 것에 관해 주님을 찬양했다. 다른 사람들도 고통을 주님께 털어놓았다. 이 기도 모임에서는 서로를 위해 기도했고, 서로의 기쁨과 고난을 나눴다.

성령 쇄신 기도 모임에서는 '방언'을 구사하는 경우가 많다. 방언은 아무도 알아들을 수 없지만 누군가에게 하는 말이다. 이 모임에서 대부분의 사람은 식별의 은사를, 다른 이들은 예언의 은사를 받는다. 그리고 어떤 사람들은 치유의 힘을 받는다.

루르드로 성지 순례를 떠나기 12년 전인 1996년이었다. 60세를 바라보는 나는 힘든 시기를 보내고 있었다. 너무 고통스러울 정도로 통증이 심해 기도 모임에서 준비한 환자들을 위한 특별 기도회에 참석했다. 나는 거기서 사람들이 성령 속에서 쉰다고 말하는 것이 무엇인지를 알게 되었다. 다른 사람들이 기도해 주는 가운데, 치유의 힘을 가진 사람이 환자들을 위해 특별 기도를 해 준다. 그러다 보면 어느 순간 정신을 잃게 된다. 정신이 완전히 흐려지는 것이다. 의도한 것은 아니지만 저항할 수가 없다. 천천히, 하지만 분명하고 깊게 잠에 빠져든다. 이것이 바로 성령 속에서 쉰다고 말하는 것이며 잠 속에서 원기가 충분히 회복된다. 그렇게 오래는 아니고 몇 분 정도 지속되지만 깨어나면 모든 면에서 훨씬 나아졌음을 느낄 수 있다.

  나도 깨어났을 때는 상당히 회복된 상태였다. 치료를 줄이고 거의 보통의 생활로 돌아갈 수 있을 정도였다. 그래서 나는 완치되었다고 믿었다. 그때는 루르드로 성지 순례를 가기 전보다는 병이 많이 진행되지 않았던 때였다. 그러나 이것은 예외적인 순간으로 병에서 벗어날 수 있다는 나의 강한 믿음에서 비롯된 것이었다.

  가족에 관한 의무감 때문에 수녀원을 멀리 떠났던 그 순간은 내 삶에서 하나의 전환점이 되었다. 나는 내 진로를 되돌아보아야 했다. 선택해야만 하는 일이 있었고, 식별의 시기였다. 나는 이 기회가 내가 받은 징표라고 느꼈다. 어쩌면 내 인생의 꿈을 실현할 수 있을지도 몰랐다.

내 꿈은 수녀의 삶을 떠나는 것이 아니라 깊게 파고드는 것이었다. 나의 희망은 세속을 떠나 은거하며 기도와 관상 생활에 전념하는 수녀가 되는 것이었다. 입회하고 싶은 수녀회도 이미 생각해 두었다. 아시시의 프란치스코 성인의 친구였던 클라라 성녀가 세운 수녀회, 클라라 수녀회였다.

나는 우리 수도회를 세운 아시시의 프란치스코 성인에게 신의를 저버린 것이 아니었다. 클라라 성녀와 함께하는 것은 단지 방법만 다를 뿐이지 아시시의 프란치스코 성인의 대가족 안에 머무르는 일이었다. 클라라 수녀회도 프란치스코회에 속해 있기 때문이었다. 나는 기도에 더욱 전념하고 싶다는 내 마음속 깊은 소망을 프란치스코 성인이 이해하며, 나를 용서해 줄 거라고 믿었다.

내가 내 계획을 우리 수녀회에 말하자 수녀회에서는 그것도 좋은 경험이 될 거라며 허락해 주었다. 수녀 생활은 겉으로는 경직된 것처럼 보이지만 실제로는 그렇지 않다. 누군가는 직선 경로를 걸어가지만, 다른 누군가는 다른 경로를 찾아낼 수도 있다. 그 결정이 경솔한 행동에서 비롯된 것이 아니라, 종교적 약속이라는 일관성을 띠고 있다면, 관리자급 수도자들은 오히려 이를 반긴다. 그렇기 때문에 다른 길을 최종적으로 선택하기 전에는 항상 견습 시기가 필요한 것이다.

그때 나는 60세가 되어 갔지만 몸 상태는 최상이었다. 파레이르 모니알에 있는 클라라 수녀회 공동체에서 새 여정을 시작하기로 했다. 그 공동체는 나를 청원자로 받아 주었다. 연수를 받은 후 클라라 수녀회의 옷을 입었다. 그 옷은 이 수녀회에 입회하였음을 상징적으로 보여 주었다. 낮 기도와 밤 기도가 이루는 규칙적인 리듬과 청빈한 삶을 사는 새로운 생활이 시작되었다.

그러나 어느 날, 내 몸이 깨어나고 말았다. 슬픈 아침이었다. 그동안 내가 느꼈던 최상의 몸 상태는 다 지나갔으며, 병은 여전히 그 자리에 있다고 내 몸이 여실히 말해 주고 있었다. 척추 아래쪽의 신경 말단에서 증상이 느껴졌다. 내 병이 그곳에 숨어 있었던 것이다. 그 즉시 나는 이 병과 떨어져서 지낼 수 없다는 것을 알았다. 그렇게 병은 재발했다. 일시적으로 차도가 있어서 그렇게 느끼는 건지는 모르겠지만 통증은 한 치의 양보도 하지 않았다. 오히려 전보다 더 심해졌다. 나는 성큼성큼 돌아오는 육체적 고통, 그보다 더 심한 절망이라는 고통과도 마주해야 했다.

좋은 건강 상태를 유지해야 수행이 가능한 클라라 수녀회의 엄격한 일정은 장애를 가진 이는 따라갈 수 없었다. 클라라 수녀회는 연로하거나 아픈 수녀들을 돌려보내지 않고 오히려 배려하는 곳이었다. 그러나 수녀회는 생활 방식과 규칙을 따라오지 못하는 사람을 받아들일 수 없었다. 수녀원 건물의 숨 쉬는 돌덩이가 되어 그 자리에 머물러 부담을 주는 존재가 될 수 있기 때문이다.

충격이 컸다. 실망도 컸다. 모든 증상이 완벽하게, 아니 더 심하게 돌아왔다. 나는 대부분의 시간을 누워서 지냈다. 개인의 삶을 예수님께 바쳤지만 소용없었고, 이해할 수 없는 일만 계속되었다. 받아들여야 했다. 하지만 쉽지 않았다. 다 나은 줄 알았는데 전혀 아니었다.

다시 이전으로 되돌아가야 했다. 나는 프란치스코회 동료 수녀들을 다시 만났다. 수녀의 삶이나 하느님께 헌신한 이의 삶은 길고 고요한 강물 같지 않다. 우리도 살면서 위기를 겪고 회의감을 느낀다. 종신 서원은 모든 위험을 대비한 보험이 아니다. 답을 알 수 없는 인생을 살아가며 고민하고 방황하거나, 어떤 충격을 받거나, 한 치의 양보도 없이 날카로운 고통이 심해져도 우리를 보호해 주지 않는다. 세상에 아픈 사람은 나 혼자가 아니었다. 나는 가족을 부양하지 않아도 되므로 불평할 수도 없었다. 그러나 공동체의 동료 수녀들에게 나 자신이 살아 있는 짐이라는 느낌이 들어 힘들었다. 고통을 느낀다는 그 자체도 고통스러웠다. 타인에게 의존해야만 일상생활을 할 수 있다는 사실도 고통스러웠다. 나 자신을 쓸모없는 사람이라고 여기는 것도 고통스러웠다. 특히 적극적으로 활동하는 수녀회에 있으니 더 그렇게 느껴졌다.

내 병이 일시적으로 좋아졌다가 재발했다는 사실은 우리 수녀회의 수녀들과 가족 모두에게 알려졌다. 내 의료 보고서에도 분명히 기록되었다.

치유의 기적이 일어나자 나를 포함한 모두가 그간 있었던 일을 발설하지 말고 침묵하라는 권고를 받았다. 루르드에서 받은 '치유'도 새롭게 일시적으로 차도가 나타난 것일 수 있다. 기쁨은 잠시 내려놓고 지금은 기다려야 했다. 앞으로 받을 모든 의학 검사에도 엄중을 기해야 했다. 병이 밖으로 뛰쳐나와 전보다 더 큰 '파괴 행위'를 할지도 모르는데, 아픈 것이 나아졌다며 감동만 받은 채로 있을 수는 없었다.

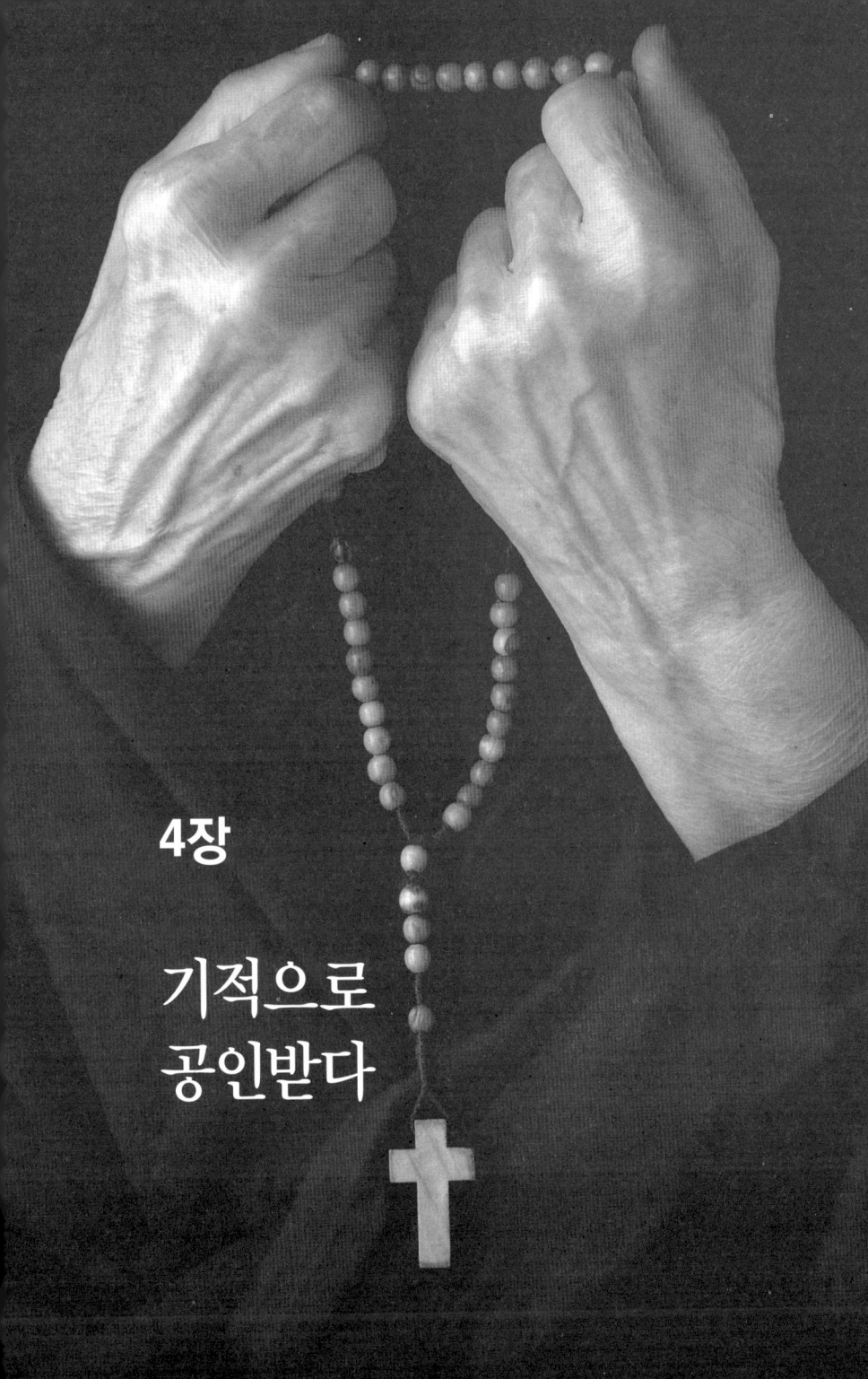

4장

기적으로
공인받다

희망은 항상 가지고 있어야 하지만 환상은 품지 않아야 한다.

나의 치유는 분명하고 확실한 일이며, 현재 의학 지식으로 설명할 수 없음을 입증하기 위해서 의학이라는 거대한 장애물을 넘어야 했다. 방대한 계획이 세워졌고 여러 진단들이 내려졌다. 나는 더 이상 의사들에게 치료를 목적으로 계획을 세우고 진단을 해 달라고 부탁하는 것이 아니었다. 의사들은 치유에서 자신들이 관여하지 못한 부분이 어디인지를 설명해야 했다. 입장이 뒤바뀐 것이다.

2008년 7월 어느 날 아침, 퓌메리의 진료실에서 과거 병력을 되짚어 가며 검사하는 작업을 시작했다. 퓌메리는 내가 정기적으로 점검을 받던 낭트 통증 의학 센터에 가 보라고 했다. 퓌메리 의사의 검사를 보완해 줄 만한 객관적인 출발점이 필요했다. 또 수년 전부터 나를 진찰해 온 전문의들에게도 이 놀라운 변화를 확인받아야 했다.

나에게 낭트 통증 의학 센터는 두 얼굴을 가진 곳이다. 여기서는 병과 통증의 진행 상태를 살펴보고 모르핀 등의 처방을 조절해 준다. 통증을 완화시켜 주니 이는 이 병원의 밝은 면이다. 하지만 가차 없이 병이 진행된 상태를 확인할 수도 있다. 이는 이 병원의 어두운 면이라고 할 수 있다. 나 역시 통증을 진정시키려고 갔다가 이 통증 의학 센터에서 낙담한 채 빠져나온 적이 얼마나 많았던가. 2002년에 이곳을 방문했을 때, 내 병은 한창 활개를 치고 있었다. 당시에 새로 수술을 받을 예정이었지만 효과가 없을 거라는 진단을 받았다. 통증 의학 센터 출구가 그렇게 가혹할 수가 없었다.

그런데 이제는 가볍게 뛸 수 있을 정도로 움직임도 자유롭고, 통증도 없는 상태였다. 그런 상태로 병원 입구에 들어서니 기쁨이 강하게 밀려왔다. 이 한없는 기쁨 속에 '승리'라는 감정은 조금도 없었다. 누운 채로 이 병원에 실려 들어가는 사람들을 잊은 것이 아니기 때문이다. 나는 그들을 위해 끊임없이 기도드린다.

나는 이 병원에서 나를 진료하던 담당 의사와 약속을 잡았다. 그는 내가 수녀임을 알았지만 우리는 한 번도 종교 이야기를 나누지는 않았다. 그는 내 상태가 상당히 암울하고, 일시적인 차도를 보일 여지도 없으며, 악화될 일만 남았음을 알았기에 나에게 신경을 많이 써 왔다. 그는 아주 진지하고 과학적인 사람이었다. 인간적이었지만 자신의 감정은 드러내지 않는 사람이었던 것이다. 그럼에도 우리의 만남은 유쾌했다.

이곳에 돌아오니 내가 앓던 병과 치유된 지금의 상태가 머릿속을 스치고 지나갔다. 나의 삶이 정말 예전과는 달라졌다는 실감이 확실하게 났다. 담당 의사가 나에게 진료실로 들어오라고 했을 때, 나는 억누를 수 없는 감정에 휩싸였다. 그가 입을 열기도 전에 나는 참지 못하고 이렇게 말했다.

"선생님, 감사합니다! 감사드리려고 왔어요. 이제는 진찰을 받지 않아도 될 거 같아요!"

"네, 보아하니 그런 것 같군요."

"어떤 일이 있었는지 말씀드릴게요."

과학적인 사람인 그는 큰 충격을 받은 듯 보였다. 그에게는 도무지 믿기 어려운 일이었을 것이다. 내 병이 낫는 일은 불가능했기 때문이다. 그는 나를 오래전부터 진찰해 왔기 때문에, 이 일이 불가능함을 그 누구보다 잘 알았다. 내 이야기가 끝나자 그는 아무 말 없이 잠시 가만히 있었다. 그러더니 자리에서 일어나 나에게 인사를 건넸다. 내가 어떻게 치유된 건지 그 이유를 의심하는 듯했지만 갑작스럽게 상태가 호전된 일은 명백한 사실이었다.

뒤이어 류마티스 전문의 크리스토프 알리옴을 만났다. 그도 놀랐다. 자주 찾아오던 환자가 완전히 안정을 되찾은 모습을 본 그는 눈에서 기쁨을 감추지 못했다. 그가 썼던 편지를 그대로 인용해 본다.

"1939년에 출생한 베르나데트 모리오 수녀를 재진하였으며, 척추 부위에 다수의 외과 수술로 인한 흉터를 제외하고는 어떠한 장애도 더 이상 확인되지 않았으므로 대단히 놀랐습니다. 루르드에 순례를 다녀오고 며칠 뒤, 증상이 괄목할 만큼 사라졌습니다. 금일 진찰 결과, 환자가 발끝으로도, 발뒤꿈치로도 모두 걸을 수 있으며, 척추 전굴[11]이 완전히 가능하고 움직일 때도 통증이 없음을 확인했습니다. 무릎 검사 결과, 관절 부위도 상

---

11 앞으로 숙이는 자세다.

당히 정상이었습니다. 유일하게 근육 기능에 미세한 결점이 확인되어 추후 정기적인 운동 요법이 필요할 것으로 확인됩니다.

이 환자의 의료 기록은 환자의 척추 병리학적 후유증 면에서도 일관성을 보입니다. 이 환자는 신경 자극기까지 삽입했던 환자입니다. 수차례의 강력한 약물 치료와 통증 의학 센터 진료를 받았으며, 계상 보행[12] 방지 기구를 착용한 상태에서만 장기 보행이 가능했습니다. 척추 부위에 실시한 지난번 보완 검사에서도 일관적인 이상 상태가 관찰되었습니다.

따라서 지금의 결과는 설명할 수 없으나 인정할 수밖에 없으며, 이 결과에 만족스러움을 느낍니다. 운동 요법을 제외한 모든 치료를 중단하며, 무릎에 놓기로 예정되었던 점탄성제 주입도 취소합니다."

이어서 운동 치료실에서 내 담당 치료사였던 프랑크를 만났다. 내가 운동 치료실에 들어가자마자 그는 놀라서 말했다.

"아니, 무슨 일이 있었던 거예요!"

"루르드에 다녀왔어요."

"루르드요?"

---

[12] 척수나 관절의 문제로 발목이 아래로 처져 발가락이 땅에 끌리지 않도록 다리를 높이 들어 올려 걷는 걸음걸이다.

"네. 루르드에 순례를 다녀왔는데 그 뒤로 하나도 아프지 않아요."

그는 나를 위해 기뻐서 어쩔 줄 몰라 했다. 나도 정말 감동받았다. 내가 치유되기 전의 상황을 기술한 그의 보고서를 읽어 보면 그가 왜 이렇게 기뻐해 주었는지 이해할 수 있다.

"좌측 발 — 거근[13] 결함 심각. 앞쪽 다리 근육 반응 없음. 발가락 장지신근[14] 반응 없음. 유일하게 엄지 발가락 신근[15]에 미세한 활동성 흔적 보임. 좌측 발은 저절로 역방향으로 틀어져 움직이기 어려우나, 발가락은 비교적 유연함.

척추 전체 — 척추 전체적으로 방척추[16] 구축[17]. 거의 전체 부위에서 통증이 있으나 요부와 승모근에 통증이 집중되는 것으로 확인."

그다음 부분에는 그가 적용했던 치료법이 상당히 전문적인 용어로 기술되어 있다. 그는 다음 문장으로 보고서를 끝냈다.

---

[13] 들어 올리는 근육이다.

[14] 둘째부터 다섯째 발가락을 펴는 작용, 발등 쪽으로 굽히는 데 작용하는 종아리 앞 칸의 근육이다.

[15] 관절을 펴는 작용을 하는 근육이다.

[16] 척추 옆 부분이다.

[17] 반복되지 않는 자극 때문에 근육이 지속적으로 오그라든 상태다.

"수녀님의 건강이 호전되어서 대단히 기쁩니다."

지금까지 전문적인 의학 용어가 들어 있는 편지나 보고서를 인용한 이유는 내 개인적인 의학 기록을 노출하려는 의미가 아니다. 수년 전부터 나를 진찰하고 치료해 준 의사들이 내가 완치되었음을 확인해 준 첫 번째 의학적 증거이기 때문이다. 물론 이러한 의학적 증거가 없더라도 나는 내 주치의인 퓌메리를 존중한다. 낭트 통증 의학 센터를 나오자 이렇게 말하는 마음의 소리가 들렸다.

'잘 있어라, 통증 의학 센터여! 다시 올 일은 두 번 다시는 없을 거다!'

이제 내가 계속 가야 할 곳은 루르드였다. 마사비엘 동굴에 가서 기도를 드려야 했고 루르드 의료국에도 가야 했다. 특별 의사 알레산드로 데 프란치시스의 지휘 아래 검증이 진행되었고, 나는 기적으로 인정받을 때까지 루르드 의료국을 매년 드나들었다.

데 프란치시스는 소아과 의사였지만 하버드 대학교에서 다른 의학 학위도 받은 이탈리아인이었다. 아주 다정했으나 철두철미했다. 세상에 하나뿐인 이 의료국의 운영자로 교회의 선택을 받은 그는 의료 보고서 관리에도 매우 꼼꼼했다.

이 의료국에는 의사들, 의료진만이 자리를 얻을 수 있었다. 그 어떤 주교나 사제의 개입도 허용되지 않았다는 뜻이다.

매년 루르드 성모님의 중재를 받아 치유가 되었다고 여기는 사람들이 서류를 제출하러 온다는 것을 생각하면 의사들만 이곳에서 일한다는 방침은 이해가 된다. 루르드 의료국은 서류를 접수받고 등록하며 개인별 보고서를 만들어 현상 발생 전후의 의학적 내용을 축적해 나간다. 접수된 내용은 집단의 의견을 모아 이곳 특유의 방식을 사용해 추려낸다. 나도 이 과정을 밟았다. 이렇게 말해도 괜찮을지 모르겠지만 기적이 사라지는 경우도 많기 때문이다.

사실 치유되었다고 해도 대부분 오래 지속되지 않는다. 특히 암 환자의 경우가 그러한데, 루르드에서 상태가 호전되었다고 해도 환자들이 그전에 받은 치료 때문일 수도 있다. 교회는 치유로 확인된 사례를 접수받긴 하지만 의혹을 가진 채 그 사례를 계속 검사한다. 오로지 건강이 회복된 이유를 과학적으로 설명할 수 없는 사례만을 채택해야 하기 때문이다. 마치 좁은 깔때기로 액체를 걸러 불순물을 빼내는 과정과 같다.

시간이 지나면서 루르드 의료국은 '특별한 치유'로 인정할 수 있는 일곱 가지 기준을 정했다. 이 일곱 가지 기준에 들어맞을 경우에만 '특별한 치유'라는 용어를 쓴다.

1. 병이 위중하며, 치유가 불가능하거나 어려웠다.
2. 치유된 병의 병기가 마지막 단계인 회복기에 도달하지 않았으며 얼마 후에는 병세가 악화될 것으로 보였다.
3. 약을 복용하지 않았거나, 약이 효과가 없는 것으로 밝혀졌다.
4. 갑자기, 즉시 치유되었다.
5. 아픈 곳 없이 완벽하게 치유되었다.
6. 증상이 일시적으로 차도를 보인 것이 아니라 완전히 치유되었다.
7. 사라진 병이 재발하지 않았다.

매년 루르드에는 평균 100여 건의 치유 서류가 접수되지만 채택되는 것은 단 30여 건이다. 그리고 이 가운데 기적으로 인정받는 것은 단 몇 건에 불과하다. 성모님이 발현하시고 루르드 의료국이 세워진 이후 약 135년간 '설명되지 않는 치유' 건으로 실제 접수된 7400여 건 중, 나는 70번째 기적으로 인정받는 영광을 누렸다. 이는 1퍼센트도 되지 않는 수치다!

그러나 기적을 겪은 모든 사람이 이를 알리는 것은 아니다.

루르드를 혼자 오는 사람들도 있고 교구 순례를 통하지 않는 사람도 있기 때문에 치유 사례를 접수하는 절차가 있음을 모를 수도 있다. 아니면 알면서도 조용히 지내는 편을 택하는 경우도 있다. 아무리 그렇다 해도 나는 이렇게 사례를 추리는 작업이 있으리라고는 상상하지 못했다.

이제 나를 기다리던 일들을 이야기해 보겠다. 낭트에서 루르드까지 가는 길은 간단하지도, 쉽지도 않았다. 나보다 루르드를 더 잘 아는 의사 퓌메리가 나를 도와주었다. 제임스 주교는 루르드 의료국에 접수할 서류가 필요하다는 것에 동의했다. 나는 그의 말을 따랐다. 그러나 절대로 내가 겪은 일이 기적이라는 평가를 받을 수 없을 것이라고 확신했다. 속으로 이렇게 되풀이 말했다.

'내 치유는 기적으로 인정받지 못할 거야.'

그래도 내가 치유된 일은 사실이었다. 모든 일이 루르드 순례에서 돌아온 지 3일 후에 일어났다. 이 순례는 내 삶의 새로운 출발점이었다. 내 삶이 부활했다고도 할 수 있다. 이제는 선과 다른 종류의 순례, 의학적이고 영적인 순례가 시작되었다. 치유하기 위한 순례가 아니라 치유의 기적을 검증받기 위한 순례였다.

2009년 7월이었다. 첫 번째 시험은 루르드 의료국에서 주최한 것으로 루르드 성지의 계단식 강의실에서 치러졌다.

나는 간호사가 되려고 정식 교육을 받았다. 그렇기에 의사 앞에 서는 것이 처음이 아닌데도 가슴이 어찌나 방망이질을 해 대던지. 퓌메리가 서류를 설명하려고 나를 데려갔다. 우리는 강의실 앞에 서 있었다.

"수녀님, 왜 그러세요? 어디 안 좋으세요?"

"너무 떨려요. 선생님!"

"있는 그대로의 수녀님 모습을 보여 주세요. 다 잘될 겁니다."

나는 퓌메리가 해 준 이 조언을 절대 잊지 않았다. 이는 그다음에 있었던 많은 회의나 면담에서도 늘 도움이 되었다.

강의실에 들어가서 100여 명의 의사와 간호사 앞에 섰다. 많은 사람들이 쳐다보니 내가 무슨 신기한 동물이라도 된 것처럼 느껴졌다. 삶이 하나부터 열까지 모두 밝혀졌다. 가족의 병력과 의료 기록이 의료진 앞에서 대형 스크린에 투사되었다. 의료진은 메모를 하고 질문을 던졌다. 나는 내 경험담을 이야기했다. 신자로서의 경험담이 아니라 환자로서의 경험담이었다.

의사 데 프란치시스가 이 의료 전문가들에게 내 사례를 면밀히 조사해 줄 것을 요청했다. 그 후 다음 단계로 진행시킬지,

여기서 중단할지 여부를 투표에 부쳐 3분의 2 이상 동의한 쪽으로 결정하겠다고 설명했다. 이들은 루르드 국제 의학 위원회 CMIL, Comité Médical International de Lourdes에서 엄선된 사람들로, 단 한 번만 회의에 참석하는 것이 아니라 외부 전문가의 지원을 받아 수년 동안 전반적인 사항을 모두 검증하는 역할을 맡아 온 이들이다.

회의가 시작된 지 두 시간이 지났다. 중요한 구술시험을 치렀거나 변호사 없이 홀로 법정에서 심문을 받은 기분이었다. 긍정적인 투표 결과가 나왔다는 이야기를 들었다. 내 사례가 다음 단계로 넘어간 것이다.

의료진들이 있던 계단식 강의실은 토론장이 아니었다. 의료진 각자는 여기서 있었던 일을 직업적 비밀로 철저하게 지켰다. 하지만 나에게는 회의 자체만으로도 심리적으로 생소한 절차를 거친 것과 다름없었다. 마치 정신적으로 다시 태어난 것 같았다. 앞으로도 계속 이런 회의를 통해 나를 드러낸다면 내 자신에 대한 소유권을 잃은 듯이 느껴질지도 몰랐다. 나는 수녀로서 나보다 다른 사람을 더 중요하게 여기며, 내 자아보다는 다른 사람을 더 생각하는 데 익숙해져 있었다. 그러나 많은 대중에게 비밀을 내보이는 경험은 해 본 적이 없었다. 일이 이렇게까지 확대

될 것이라고는 생각하지 않았다. 나중에서야 주님이 그곳에서 나를 기다리셨다는 것을 절실히 이해했다. 이 기적은 내 기적이 아니었다. 이 치유는 내 치유가 아니었다. 이것은 하느님이 세상에 보내신 징표였다. 나는 그저 작은 악기였을 뿐이다. 나는 이 악보를 연주하는 법을 배워야 했다.

그렇지만 조금 당황스러웠다. 지금까지 우리 수녀회나 우리 가족의 동의 없이 내 이야기가 퍼진 적은 없었다. 나의 주치의 퓌메리와, 낭트 통증 의학 센터 의사들 말고는 나에게 자세하게 물어보는 사람도 없었다. 병과 영적인 삶에 관련된 부분은 언제나 개인적으로 이루어졌다. 문 닫힌 작은 방에서 상대와 단둘이 만나 왔던 것이다.

나는 첫 번째 계단식 강의실에서 진행되었던 회의가 끝나서 행복했지만 진이 다 빠져 있었다. 대패질이 된 나무나 짓눌린 금속이 된 기분이었다. 의사 데 프란치시스는 나뿐만 아니라 그곳에 모인 의료진에게 따뜻한 감사의 말을 전했다.

"저는 수녀님의 사례를 진지하게 검토할 만한 사례라고 생각했습니다. 수녀님, 저희는 조사를 계속 진행할 겁니다."

신경 정신 의학자가 내게 다가오더니 속내를 털어놓았다.

"하느님과 수녀님 사이에 있었던 일은 어느 과학자도 절대 설명할 수 없을 것입니다."

프란치스코회 수사이기도 한 미국인 의사가 내 팔을 잡더니 슬쩍 끼어들었다.

"아시겠지만 저희는 계속 파고들 겁니다. 언젠가 현재 과학으로는 수녀님께 생긴 일을 설명할 수 없다고 인정하게 되겠지요. 하지만 저희는 수녀님께 생긴 일이 정말로 수녀님께 일어난 것이 맞는지 확인할 의무가 있습니다. 심오한 기적은 항상 우리 의료진들의 손을 벗어나거든요."

나는 아직도 이 의사들 중 몇 명을 만나고 있다. 환자였을 때보다도 의사들을 더 자주 만난다.

기적이 손을 벗어난다는 건 나에게도 마찬가지였다. 이 기적은 나의 예상을 계속 뛰어넘었다. 나는 완전히 녹초가 되어 강의실을 빠져나왔다. 데 프란시스와 퓌메리가 나를 안아 주며 용기가 필요한 일에 나서 주었다고 고마워했다. 나는 가브강으로 향했다. 가브강은 마사비엘 동굴과 나 사이를 가로지르며 흘렀다. 강 저편으로 성모상과 불이 밝혀진 양초들, 신자들의 물결이 이는 마사비엘 동굴이 보였다. 나는 나무 아래에 앉아 소리 없이 눈물을 흘렸다. 행복과 두려움의 눈물이었다. 눈물은 겨우 말랐지만 가브강은 고요해질 줄 몰랐다. 강 저편에는 마사비엘 동굴과 그곳의 기적이 움직이지 않고 소리 내지 않은 채, 언제나 평화롭고 시간을 초월한 듯 존재했다. 나를 둘러싼 강물의 소음에도, 나는 강렬한 평화에 몸을 담근 채 오래도록 조용히 그곳에 머물렀다.

27명의 세계적인 의학 교수들로 구성된 루르드 국제 의학 위원회는 2009년 10월 내 사례에 관한 조사를 계속하라는 판정을 내렸다. 그리고 내 서류를 공지할 담당 전문가를 지명하였다. 처음부터 다시 시작했다. 나를 진찰하고 내가 깨끗이 호전되었다고 확인해 주었던 의사들은 더 이상 없었다. 선입견 없는 완전히 새로운 시선들이 나의 삶 속으로 뛰어들어 왔다.

클로드 케네시 교수가 공지 담당 전문가로 지명되었다. 그는 파리에서 활동하는 외과 의사였다. 그는 새로운 임상 시험을 하고 긴 시간을 면담하기 위해 브렐로 왔다. 그는 새로운 검사 방법인 심층 스캔 검사를 권유했다. 그는 나에게 투병 생활 초기부터의 모든 의료 기록과 세부 사항을 취합해 달라고 했다. 그 어느 것에도 우연의 여지를 남겨 두지 않았다. 케네시 교수는 아주 꼼꼼하고, 열정적인 전문가였으며, 타협을 모르는 과학적인 사람이었다. 그는 그 뒤에 루르드 국제 의학 위원회 앞으로 보낼 보고서를 작성했다. 환자들은 루르드 국제 의학 위원회 출입이 절대로 허용되지 않기 때문에 케네시 교수는 내가 없는 자리에서 이 보고서를 발표했다.

그러나 믿기 어려운 일이 생겼다. 그가 국제 의학 위원회에 보고서를 발표한 다음 날, 운전 중이던 그에게 불행이 들이닥쳤다. 그에게 심장 마비가 와서 교통사고가 난 것이다. 그는 사망했다.

이 사고와 그의 죽음은 나에게 큰 충격을 주었다. 결정적으로 하느님의 길은 헤아릴 수 없었다. 삶에는 우리 손이 닿는 범위를 벗어난 불확실성이 존재했다. 내가 할 수 있는 일이란 투철한 의학적 직업 정신을 보여 준 그를 위해 기도하는 것뿐이었다. 그리고 빠르든 늦든 간에 예정된 엄격한 절차에 따라 다른 전문가와 모든 것을 다시 시작해야 했다.

나는 곧바로 리모주에서 활동하는 클로드 라부르스 교수의 손에 맡겨졌다. 면담을 여러 번 했고, 새로운 보완 검사들을 받았다. 전임자가 내린 결론을 그대로 택하는 것은 허용되지 않았다. 최적의 정확성을 기하며 사례에 접근하기 위해 아무것도 없이, 0에서부터 다시 시작해야 했다.

2011년 6월, 이번에는 정신 의학자들의 순서였다. 내 신체에 영향을 준 만성 불치병이 설명할 수는 없지만 호전되었음이 확실하다는 결과만으로는 충분하지 않았다. 루르드 의료국의 매

뉴얼에 따르면 내 머릿속에서 모든 것이 잘 돌아가고 있는지도 검증해야 했다.

정신 의학자 두 명이 지명되었다. 파리에서 활동하는 마리 크리스틴 무랑 교수, 몽펠리에에서 활동하는 장 필리프 불랑제 교수였다. 나는 그들에게 내 이야기를 전부 다시 했다. 그들은 지나치게 무례하다고 생각될 수도 있는 질문도 서슴없이 던졌다.

"정신적인 이상이 있지는 않았나요? 환각이나 환영을 본 적은요? 혹시 공중 부양을 한 적은 없었나요?"

"전혀 없었어요. 교수님들, 장담하건데 단단한 땅바닥을 떠나 본 적은 단 한 번도 없습니다!"

내가 정말 정신적으로 괜찮았을까? 나는 인간이라면 누구나 언젠가 겪게 될 도덕적, 심리학적, 신체적 고통의 순간들을 비롯해 내 모든 인생을 되짚어 가야 했다. 오래전에 버려 둔 기억의 통로들, 세월로 봉했다고 믿었지만 사실은 구석에 처박아 놓았던 것들, 이 모든 것을 다시 들여다보아야 했다.

그 전문가들의 목적은 나를 덫에 걸리게 하려는 것이 아니었다. 이 시험은 그저 내 머릿속에서 모든 것이 제대로 기능하고 있는지 검증하는 것이었다. 깊숙이 파고들며 1000가지 정도의 질문을 던진 끝에, 그들은 비로소 내 안에서 모든 것이 올바로 돌아간다고 생각하게 되었다. 사실상 그들은 나라는 대상에 일어난 현상이 육체적인 것이지 정신적인 것은 아니라는 점을 검증하려고 했던 것이다.

그렇지만 이 분석 과정은 너무나 견디기 어려운 것이어서 나는 때때로 휴식을 취하며 나의 창조주에게 질문을 던졌다.

"주님, 이렇게까지 해야 합니까? 제발 말씀해 주세요."

나는 그분을 의심하지 않았다. 결국에는 주님이 보여 주신 일에 관한 믿음이 부족한 나 자신을 의심한 것이었다.

나는 나의 사례를 판정해야 했던 모든 의료진에게 인사를 전하고 감사의 뜻을 표현하고 싶다. 그들 모두는 내 사례를 이해하고, 철저히 조사하고, 분석하기 위해 노력했다. 각자가 이성적으로 생각하며 자신만의 분석본을 가지고자 했다. 나 스스로가 연구 대상이 되어 과학계에 내어진 것은 때로는 굴욕적이었지만 그들의 높은 직업 정신을 존중한다. 그들은 언젠가 내 뼛속까지 닿게 될 걸 알면서도 할 수 있는 데까지 폭넓게 조사해 나갔다. 일정 단계를 넘어서면 실제로는 별다른 설명이 필요하지 않는데도 말이다.

몇 달이 지났다. 루르드 의료국장 의사 데 프란치시스가 나를 불렀고, 나는 드디어 조용히 지내게 되었다고 생각했다. 그러나 2013년 여름, 루르드에서 두 번째로 계단식 강의실에서 회의가 준비되었다. 새로운 의사들이 참여하여 카드 패를 다시 섞고, 새로운 시선으로 내 사례를 검토하며 질문을 던지기 위한 자리였다.

또 한 번의 반복. 나는 조금 지쳤지만 익숙해졌다. 주님이 내게 이렇게 큰 은총을 주신 것은 분명 나 혼자만을 위해 비밀로 간직하라는 뜻은 아닐 거라고 스스로에게 말했다. 나는 내 경험담을 사람들에게 이야기해야 했다. 그리고 그 시작은 역설적이게도 수단을 입은 성직자들 앞에서가 아니라 흰 가운을 입은 사람들 앞에서였다. 그렇지만 교회를 위해서도 꼭 필요한 절차였다.

서류상의 전반적인 사항을 짚고 넘어갈 목적으로 진행된 이 신규 회의에서는 참석한 의사들 간에 토론이 벌어졌다. 의사들은 내 사례를 특별한 치유로 인정할지 말지 가리는 단계까지 절차를 진행해야 한다고 판단했다.

2016년 7월, 일에 속도가 붙었다. 새로운 의사들이 참여해서 세 번째로 계단식 강의실에서 하는 의학 회의가 루르드에서 있었다. 그러나 이번에는 일이 원활히 돌아가지 않았다. 의사들은 거수투표를 진행했고, 내가 치유되었다고 생각한다는 데 찬성표를 던졌다. 하지만 참석자 중 외과 의사 두 명이 내 병은 불치병이라며 토론을 제안했다. 그들은 내 병은 성격을 설명할 수 없는 병이며, 자신의 환자 중에 완치되었다며 찾아온 환자는 한 명도 없었다고 했다.

2016년 9월, 이 이의 제기를 심층적으로 조사하기 위해 나는 새로운 교수에게 보내졌다. 이번에 나를 조사할 교수는 마르세유에서 의료 활동을 하는 의사 장 푸제였다. 그는 내 의료 기록과 치유로 추정된다는 내 사례를 다룬 서류를 세 번째로 조사하게 되었다. 나는 그와 오랫동안 면담을 했다. 우리는 처음부터 다시 시작했다. 그는 대단히 진지했고, 감정을 전혀 드러내지 않았지만 아주 친절히 대해 주는 사람이었다.

얼마간의 시간이 지나고, 또 새로운 이의가 제기되었다. 루르드 의료국에 잠시 들렀던 신경외과 의사가 내 서류를 점검했다. 그는 건강을 되찾은 내 사례의 진정성을 올바로 검증하기에는 검사 하나가 누락되었다고 했다.

다시 검사를 받는 일은 나로서는 전혀 문제가 될 것이 없었다. 2016년 10월이었다. 근전도 검사를 받았다. 신경 전도의 반응도를 측정하는 검사였다. 스캔 검사도 다시 받기로 했다.

나는 그들이 반드시 입증해 내야 했던 '치유'라는 말에 집착

하지 않았다. 루르드 의료국의 용어는 신중히 사용해야 했으므로, 2016년 7월까지 루르드 의료국에서는 내 사례를 '치유로 추정되는 사례'라고 불렀다. 그래도 괜찮았다. 개인적으로 나는 내 건강 상태를 더 이상 의심하지 않았다. 내 삶이 바뀐 지 8년째였다. 지금과 다른 징후는 전혀 나타나지 않았다. 기적을 인정받는 절차를 중단하더라도 나 개인적으로는 해방되었다는 느낌이 들 것 같았다. 나는 집착하지 않았다. 솔직히 말하면 어느 것도 나를 얽매지 않았다. 주님은 그분께 모든 것을 맡기라고 하지 않으셨는가. 이미 일어난 일이었다. 되돌아갈 일은 없었다.

드디어, 사람들은 내게서 병의 흔적을 발견하였다. 정말 사소한 것이었다. 결국 나는 완전히 치유된 것이 아니었다.

나는 의사 퓌메리에게 곧바로 전화를 걸었다.

"선생님, 저한테서 무슨 흔적을 발견했어요. 저는 완전히 치유된 것이 아니에요. 내일 예정된 스캔 검사도 받을 필요가 없을 것 같아요. 여기서 중단해야 한다면 그렇게 할게요. 완전히 나은 게 아니라고 하면 나은 게 아니겠지요."

근전도 검사 결과, 내 발에서 신경 전도가 나타나지 않는다는 것이 발견되었다. 치유되기 전 손상되었던 흔적이었다.

"잠깐만요. 너무 급하게 결정하지 마세요. 저도 알아보겠습니다. 루르드에 있는 데 프란치시스에게 바로 전화해 볼게요."

오히려 데 프란치시스는 이 난처한 일을 다행이라고 여겼다. 내가 치유되었다는 사실을 그가 믿지 않아서가 아니었다. 그는 의학계든 기적의 영역이든 완벽한 세계는 없음을 알았다. 내게 일어난 일의 진정성을 위해서는 반대로 결점이 있다는 점이 더 안도할 일이었다. 그럴수록 이 특수한 상황이 왜 일어났는지 사람들이 더 잘 이해할 수 있기 때문이다. 데 프란치시스가 퓌메리에게 말했다.

"다행이에요. 더 잘되었어요. 수녀님은 스캔 검사를 받으셔야 해요!"

데 프란치시스는 임상 시험 결과가 완전히 정상인 것을 알았다. 임상 시험 결과는 치유가 사실임을 보여 주고 있었다. 근전도 검사 결과 아직 병세가 남은 것으로 드러났지만, 오히려 치유가 정말 일어났음을 온전히 보여 주는 것이었다.

퓌메리를 통해 이 설명을 전해 듣고 나는 조금 당황했다. 스캔 검사는 이 흔적을 감지할 수 없었지만 내 왼쪽 발에는 다시 기세등등하게 무언가가 등장해 있었다. 신경 반사가 완벽하게 되지 않은 것이다. 이것 때문에 불편한 점은 전혀 없었고 알아차린 적도 없었다. 그러나 철저하게 생리학적인 측면에서 보면 내

발의 모든 기능은 완전히 돌아오지 않은 것이다.

이것이 내가 치유되었다는 데 문제가 될까? 당시에는 나도 그 점을 인정했고, 모든 절차를 중단할 준비가 되어 있었다. 퓌메리에게 확실히 말했듯이 의사가 치유된 것이 아니라고 말한다면 치유가 아닌 것이다.

시간은 계속 흘러갔다. 건강은 아무 문제 없었지만 결말은 불확실했다. 그렇지만 불안감은 전혀 없었다. 성과 없이 수년을 보냈다고 생각하니 그저 아쉬웠을 뿐이다. 계단식 강의실에서 회의에 참여한 전문가와 나를 가까이에서 진찰한 교수들의 수를 모두 더해 보니 내 사례를 평가한 의료진은 300여 명이나 되었다. 이 모든 사람이 아무 의미 없이 이 일을 해야만 했던 것인가 생각하니 허무했다.

2016년 11월, 마침내 판정을 내리기 위한 국제 의학 위원회의 신규 회의가 열렸다. 의료진들은 예전 의료 기록과 내 몸에서 이상이 감지된 부분에서 받았던 네 번의 외과 수술 기록을 신규 검사 결과와 비교해 보았다. 그러고는 이 부분이 몸의 나머지 부분과 완전히 분리되어 다시 연결될 수 없으며, 의료적으로 개입되었기 때문에 내 몸의 신경 체계와 일정 부분 독립적으로 작용한다는 것을 알게 되었다. 질병의 미세한 징후가 계속 남아 있는 이유, 다시 말해 왼쪽 발에 반사 작용이 일어나지 않는 이유를 설명할 단서를 찾은 것이다.

이 회의에서 내 사례를 두고 할 수 있는 모든 분석과 평가와 재평가가 시도되었다고 여긴 데 프란치시스는 투표 절차를 진행했다. 이번에 그는 확고했고, 안건도 명확했다.

"이 사례가 현재 과학 지식으로 설명되지 않는 치유라고 보십니까?"

참석한 의사 27명 중 단 한 명만이 "아니요."라고 답했다. 다른 모든 의사는 "예."라고 했다. '현재 과학 지식으로 설명되지 않는' 치유라고 인정받기 위해서는 3분의 2의 찬성표가 필요했다. 비밀 투표였기 때문에 반대한 사람이 누구인지 또 그 이유가 무엇인지는 알 수 없었다. 그러나 믿을 수 없는 치유라고 찬성한 사람의 수가 과반수를 넘어 압도적이었다.

한편 교회에서도 수세기 전부터 치유를 확인하기 위해 일관적인 기준을 적용해 왔다. 그 기준은 다음과 같다.

1. 질병에 걸렸다는 진단을 받았고, 질병이 잘 드러나야 한다.
2. 진단 결과가 부정적이어야 한다.
3. 치유는 갑자기, 예상치 못하게, 순식간에, 완전히 일어나야 하

며 그 상태가 지속되어야 한다.
4. 여러 분야의 사람들이 모여 엄중한 논의를 거친 결과, 어떠한 의학적, 과학적 설명이 불가능하다고 결론지어야 한다.

데 프란치시스에게 전화가 왔다. 그는 듣기 좋은 이탈리아어 억양이 묻어나는 프랑스어로 나에게 이렇게 알렸다.

"모리오 수녀님, 저희가 투표를 했습니다."

"결과가 어떻게 나왔나요?"

"설명되지 않는 치유라는 데 26명이 찬성했어요! 반대표는 단 한 표입니다."

감동에 휩싸인 나는 아무 말도 없이 가만히 있었다. 시간이 많이 흘렀다고 느낀 순간, 나는 이렇게 물었다.

"제 주변 분들에게 이 소식을 말해도 될까요?"

"수녀님의 수녀회에 소속된 분들에게는 바로 말씀드려도 됩니다. 그렇지만 다른 분들은 안 돼요. 아직 말씀하지 마세요."

"보베 교구 주교님께도 말씀드리면 안 되나요?"

"주교님께는 루르드 교구 주교님이 전해 드릴 겁니다."

그는 내게 인사하고 전화를 끊었다. 그는 이성적이지만 희망을 가진 사람이었다. 사람들과 아주 잘 지냈고, 말 몇 마디라도 항상 용기를 북돋아 주는 말을 해 주는 사람이었다. 내 가슴은 기쁨으로 벅차올랐지만 손에서 휴대폰을 놓지 못했다. 무언가가 나를 슬프게 했다.

"아직도 침묵을 지켜야 하다니……."

나는 상당히 적극적인 사람이며, 사람들과 기쁨을 공유하기를 좋아한다. 내 자신이 우리 안에 든 사자처럼 느껴졌다. 이 소식을 빨리 알리고 싶었던 나에게 침묵을 지키는 것은 너무 어려운 일이었다. 이번에야말로 내가 치유되었다는 것이 밝혀졌고 설명되지 않는 일이라고 결정이 났다. 어떻게 이 소식에 입을 다물 수 있을까?

나는 장상 수녀에게 전화를 했다. 우리 수녀회는 소규모였다. 그래서 나는 장상 수녀를 '아니'라는 이름으로 부르거나 '장상'이라고 불렀다. 나는 그녀를 잘 알았고 많이 존중했다. 나이는 내가 더 많았지만 우리는 친자매 같았다.

다혈질인 내 성향을 알던 아니는 나에게 루르드 의료국이 의학적으로 허가를 받은 곳이지 교회는 아니라고 되새겨 주었다. 또한 "치유는 아직 기적이 아니다."라고 했다. 모든 것은 보베 교구 주교에게 달렸다고 했다. 그가 나에게 일어난 일이 기적의 성격을 띠는지 아닌지를 홀로 식별하게 될 것이다.

나는 순간적으로 참지 못하고 물었다.

"그럼 사람들이 물어보면 거짓말도 하지 말고 그냥 그렇게 말하라고요? 어떻게 그래요?"

"잘되어 가는 중이라고만 말하면 되지요."

"그렇게만요?"

"아니면 잘 해결될 거 같다고 하든가요."

잘 해결될 것 같다.

7월이 되었고 또다시 교구 순례단은 루르드로 출발했다. 나도 함께 떠났다. 2017년 그해 여름, 루르드 마사비엘 동굴 앞에 도착했을 때 느꼈던 감정을 말로 표현할 수가 없다. 나는 태양 앞에 녹아내리는 기분이었다. 내 안에 있는 감사한 마음과 감사한 행위를 투명하게 드러내는 존재가 된 것 같았다. 나는 항상 내 주변에 있는 수천 명의 환자들을 위해 간청했다. 그리고 '치유된 사람이 왜 나였을까?'라는 질문은 내게 끝나지 않을 화두였다.

내 마음 깊은 곳에서는 처음부터 성모님의 중재로 주님의 은총을 입은 것임을 알았다. 그리고 이번에는 의사들이 내가 치유된 일은 설명할 수 없는 성격의 것이라고 인정하였다. 나는 꿈을 꾸는 것도 아니고 미친 것도 아니었다. 내가 치유된 것은 사실이었다. 그러나 교회의 눈으로는 엄밀히 말해 아직 '기적'은 아니었다.

내가 전투병의 여정이라고 말했던 이유가 바로 그 때문이다. 내가 나은 지 10년이 다 되어 갔다. 이 사실을 입증하기 위하여 300여 명의 의사가 내 사례를 조사하였고, 수십 차례 검사를 받았다. 그런데도 교회는 아직 인상을 쓰고 있었다. 교회는 내가 치유된 것을 믿지 못하는 것일까?

2017년 3월에 이미 몇 가지 좋은 소식이 있었다. 보베 교구 주교가 루르드 의료국의 결론을 전달받았으며, 심사숙고하는 중이라는 것이다.

2017년 7월 순례 도중, 나는 우리 보베 교구의 자크 브누아 고냉 주교와 우연히 마주쳤다. 나는 그가 기적에 관한 긍정적인 답변을 줄 것이라고 생각했으나 그는 이 주제에 관해 말을 아꼈다. 나는 이런 경이로움을 눈앞에 두고도 아무 말도 해서는 안 된다는 것 때문에 도무지 참을 수 없는 지경이었다. 그러나 나는 하느님과 교회에 나 자신을 완전히 바친 몸이었다. 결정을 내리는 것은 내가 아니었다. 계속 기도하고 인내해야 했다.

물론 의학계와 교회의 역할이 이 정도로 분리된 이유를 이해했다. 교회의 특성을 혼동해서도 안 될 일이었다. 경이로움 앞에서는 냉철한 이성을 지켜야 했다. 의사와 주교 간에는 어떠한 직접적인 연관성도 없었다. 한쪽에서 과학적으로 설명할 수 없다는 보고서를 작성해도 다른 한쪽에서 기적에 관한 신학적인 조사를 추진하지 않을 수도 있는 것이다. 그리고 이미 그렇게 진행되었다. 유일한 결정자인 주교는 절차를 중단시킬 수도 있었고, 이 일이 잊히게 놔둘 수도 있었다. 과학적 판단과 신학적 판단은 서로 같은 것이 아니었고 거의 독립적이었다.

나는 인내심을 가지고 하느님이 알려 주실 때를 기다렸다. 11월, 주교가 면담을 하자고 나를 불렀다. 나는 그의 사무실로 갔다. 10년 전에 그의 전임 주교를 만났던 곳이었다. 신임 주교는 젊었고 법학을 전공한 아주 정확한 사람이었다. 그는 내 기록을 사전에 모두 읽어 본 상태였다. 그는 다음 질문으로 면담을 시작했다.

"무슨 일이 있었는지 말씀해 주시면 좋겠습니다."

나는 고통과 기쁨의 기나긴 이야기를 한 번 더 시작했다. 그는 내 이야기를 경청했다. 그리고 나를 배웅하면서 기적을 판정하기 위한 위원회를 소집할 예정이라고 알려 주었다.

2017년 성탄절이 지나갔다. 아직 소식은 없었다. 2018년 7월이면 이 사건이 일어난 지 딱 10년이 되건만, 결정된 것은 아직 아무것도 없었다. 교회가 의견을 표하는 데 앞으로 10년이 더 걸릴까? 알 수 없었다.

그런데 세차게 마구 쏟아져 내리는 폭포수처럼 일이 빠르게 진행되었다. 2018년 1월 10일, 위원회가 소집되었다. 주교는 어떠한 결론도 내게 알려 주지 않았다. 이 일은 비밀로 지켜야 하는 일이기 때문이었고 그는 그래야만 했다. 단지 결정을 내리기까지 2주가 걸릴 것이라고만 알려 주었다.

교회 비밀이었기에 나중에 알게 된 사실이지만, 신학자들로 구성된 위원회는 내 치유에 특별한 성격이 있다는 쪽으로 찬성하는 의견을 내놓았다고 한다. 그 말은 교회도 내 치유에 하느님이 개입하셨음을 인정한 것이다. 기적이 일어났음을 인정한 것이다!

주교의 의견만이 남았다. 오로지 주교만이 의사를 표명할 수 있었다. 그에게는 여전히 위원회의 의견을 따르지 않아도 될 자유가 남아 있었다.

이 주교는 성령 쇄신 운동을 하는 사람이었다. 그래서 성경을 가지고 기도하는 데 익숙했다. 그는 나에게 중요한 이 결정을 내리려고 개인적으로 기도를 많이 드렸다고 했다. 그리고 내가 치유된 것은 기적임을 뜻하는 명백한 표징을 여러 차례 받았다고 강조했다. 한번은 성경을 폈는데 마르코 복음서 중 기적을 다룬 구절이 나왔다고 했다. 그러나 주교는 이렇게 말했다고 했다.

"예수님은 기적을 많이 행하셨습니다. 그러니 주님, 저에게 식별할 수 있는 은총을 주십시오."

그는 한 번 더 성경을 폈고, 이번에는 요한 복음서 중 '카나의 혼인 잔치' 구절이 나왔다. 성모님이 예수님께 "포도주가 없구나."라고 말하며 전구하신 대목이었다. 하느님의 말씀 안에서 그에게 주어진 이 표징은 그가 기적을 인정하기까지 품어 왔던 그동안의 의혹을 말끔히 씻어 버리게 해 주었다.

브누아 고냉 주교는 발표를 마친 후 바로 다음과 같은 경험담을 이야기했다.

"저는 더 이상 어떤 의혹도 갖지 않습니다. 만약 제가 기적이라고 단언하지 않는다면 주교인 제게 주신 주님의 신뢰를 영광스럽게 하지 못하게 될 겁니다."

최종 판단 임무를 맡은 그는 교회 내에서 또 교회와 함께 기도를 드렸으며, 기도 중에 성경을 펼치고 또 펼치면서, 한 점의 의혹의 그림자도 없이 마침내 내 이야기를 정확하게 본 것이었다. 이것은 하느님이 주신 표징이었다. 이 역시 기적이었다.

오로지 한 사람이 기도를 드리다가 결국에 기적이라고 판정한다? 외부에서 보면 가볍게 판단한 것 아니냐고 할 수도 있다. 그러나 그는 의료 조사 기록, 이전에 소집된 위원회의 의견 등 여러 가지를 참고했다. 식별의 책임과 힘은 오로지 주교 한 명만이 가지고 있었다. 따라서 그가 기도의 힘을 빌려 판단 내린 일은 교회 내에서 볼 때는 절대 가벼운 것이 아니다. 오히려 그의 판단은 핵심 중에서도 가장 중심부에서 나온 것이다. 바로 마음, 하느님이 인간에게 말씀하시는 장소인 마음에서 나온 것이었다.

2018년 1월이 끝나 가던 어느 일요일, 브렐의 우리 수녀회가 거주하는 작은 건물에 전화가 울렸다.

"안녕하세요, 브누아 고냉 주교입니다."

"안녕하세요, 주교님."

"오늘 저녁은 수녀원에 가서 먹어도 될까요?"

"그럼요. 어서 오세요. 기다리겠습니다."

초인종이 울렸고 나는 서둘러 문을 열러 나갔다. 브누아 고냉 주교는 함박웃음을 짓고 있었다. 그의 눈빛은 강렬한 기쁨으로 빛났다. 그는 손에 서류 하나를 들고 있었다. 기적을 인정한다는 교회법에 따른 공문, '교서'였다.

드디어 결정이 났다. 확실하고 분명했다. 10년을 묵혔던 결과를 갑작스레 단 1초 만에 듣게 되었다. 말하고 싶어서 참을 수 없었던 나였지만 더 이상 무슨 말을 해야 할지 생각나지 않았다. 잊을 수 없고, 설명할 수 없는 순간이었다. 그때 느꼈던 감정의 깊이를 어떤 말로 설명해야 할지 아직도 잘 모르겠다.

앞으로 나에게 무슨 일이 기다릴지 아직 알지 못했다. 치유를 통해 새로운 삶이 열렸고, 기적은 나에게 새로운 두 번째 삶이 시작되었음을 알려 주었다.

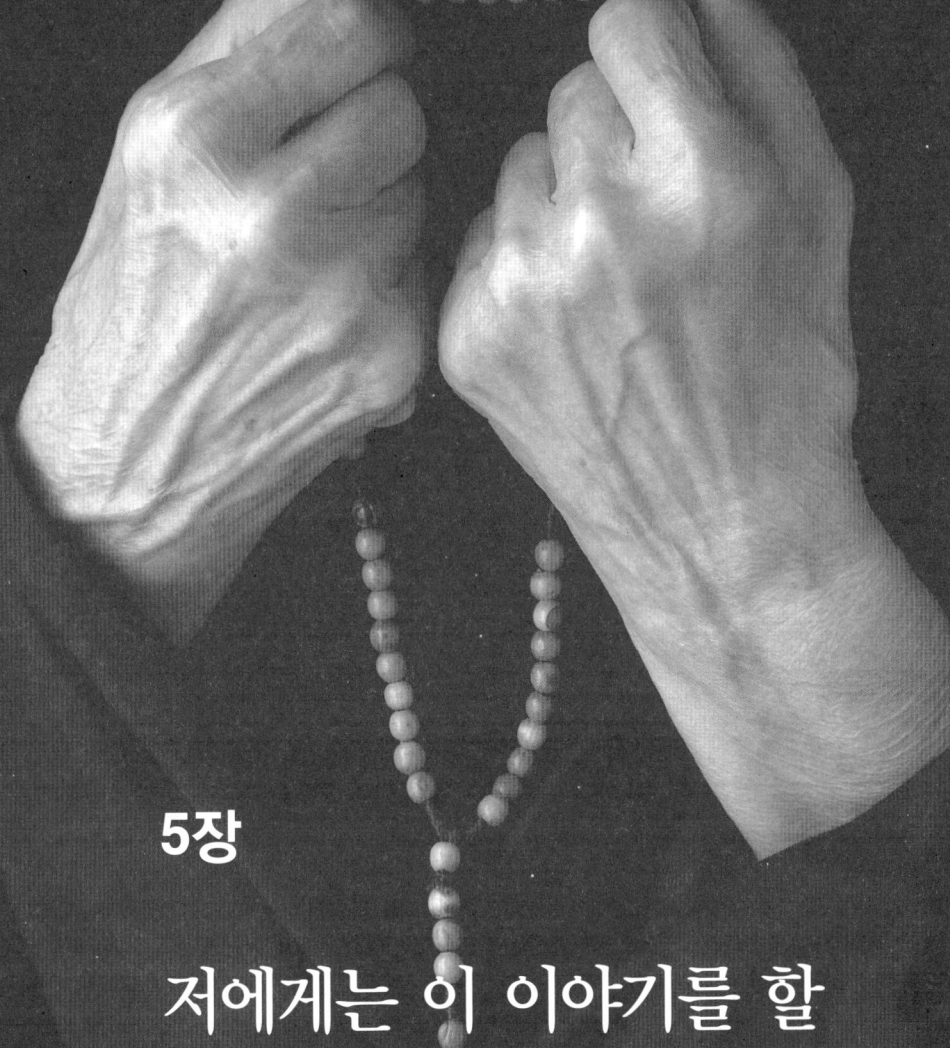

5장

저에게는 이 이야기를 할 의무가 있습니다

누군가를 납득시키거나 교훈적인 이야기를 할 생각은 전혀 없다. 대신 나에게는 은총을 받은 내 경험담을 이야기해야 할 의무가 있다. 나는 이 의무를 저버릴 수 없다. 그럴 권리가 없기 때문이다. 이는 나의 새로운 삶이다. 나는 치유됨으로써 너무 많은 것을 받았기 때문에 내 경험담을 말하고, 외치고 다녀야 한다. 나는 여러 곳에 가서 이 좋은 소식을 외쳐야 한다고 느낀다. 바로 이렇게 말이다.

"하느님은 당신을 사랑하지만, 당신은 그것을 모릅니다!"

나의 이런 외침을 들었을 때 당신은 좋은 감정에서 비롯된 행동인지 아니면 순진한 건지 어리둥절하겠지만, 이는 사실이다.

나는 이렇게 확언하고, 장담하고, 보장한다!

나의 수호성인 루르드의 베르나데트 성녀는 이렇게 말했다.

"저는 이 기적을 믿도록 할 책임이 없습니다. 이야기해야 할 의무만 있을 뿐입니다."

나도 이 문장을 자주 되풀이해서 말하며 마음에 새긴다.

사람들은 기적이란 존재하지 않는다고 생각한다. 아직 고통 속에 있는 사람들의 입장에서는 너무 간단하고, 쉬우며, 부당한 것이기 때문이다. 그러나 교회가 '나의' 기적을, 내게 속한 것도 나를 위한 것도 아닌 '나의' 기적을 인정한 이후로 사람들은 내게 기적을 공개적으로 이야기해 달라고 했다. 그리고 나는 믿음의 깊이가 깊지 않아 하느님을 믿지 않을 거라고 생각했던 많은 사람들이 마음 한구석으로는 하느님을 믿는 것을 알게 되었다. 내가 겪은 기적이 공식적으로 공표되면서 많은 것이 달라졌다.

루르드 성모 발현 160주년이던 2018년 2월 11일, 내 기적이 공식적으로 발표되었다. 나는 내 치유를 기적으로 인정한다는 타르브와 루르드의 주교 니콜라 브루웨의 발표를 가톨릭 방송국인 KTO에서 2018년 2월 11일 루르드 성당 미사를 중계 방송해 주어 볼 수 있었다. 내가 처음으로 텔레비전 인터뷰를 한 곳이 KTO였던 것도 어쩌면 당연했다. 13일 화요일에는 기자 회견이 있었고 모든 언론이 이 사건을 보도했다. 다음 날 아침 나는 호기심에 지방지 〈쿠리에 피카르*Courrier Picard*〉를 사러 우리 동네에 내가 자주 가는 마트인 앵테르마르셰Intermarché로 갔다. 신문 1면에 내 사진이 실려 있었다. 그리고 나를 다룬 기사도 있었다. 내 옆에 있던 남자가 그 신문을 사다가 나를 보고는 말을 걸었다.

"어, 텔레비전에 나온 수녀님 아니세요? 세상에. 수녀님을 실제로 만났다고 아내에게 말해야겠어요."

하느님은 인간의 풍요로움을 바라신다. 인생에는 분명 고통이 있지만, 그렇다고 가혹함이라는 단어로 삶을 단정 지을 수는 없다.

내가 많은 사람들에게 알려졌음을 실감한 때는 마트에서 카트를 밀면서였다. 이 일은 하느님의 길은 고속 통신망이 아니라 작은 길이라는 것을 알려 주며, 창조주의 큰 관대함을 조금이나마 전해 준다. 신앙이 우리 생각보다 널리 퍼져 있음을 잘 알 수 있다.

나는 그 마트에서 기분 좋게 걸어 다니고 있었다. 한 손에는 카트를, 다른 한 손에는 우리 공동체에서 필요한 장 볼 리스트를 들고 있었다. 이 순간 내 머릿속에는 오로지 한 가지 생각밖에는 없었다. 필요한 것을 하나도 빠트리지 말자. 우리 공동체는 아주 간소하게 살았지만 그래도 필요한 것은 빠짐없이 사야 했다. 그 역할은 주로 내가 맡았다. 나는 밖으로 보이는 이미지를 관리하려 애쓰는 사람이 아니다. '명성'이라는 개념도 나에게 생소했다. 갑자기 누군가 나를 부르는 목소리가 들렸다. 이곳은 서로 대화를 나누러 오는 장소가 아니기에 드문 일이었다.

"수녀님이 누군지 알아요! 공장에서 수녀님 이야기를 했거든요."

"감사합니다. 제 이야기에 관심을 가져 주셨군요. 이야기를 듣고 무엇을 느끼셨는지 여쭤봐도 될까요?"

"믿을 수 없고, 대단한 일이에요."

"그 일을 믿으시나요?"

"아, 수녀님. 저는 불행했던 사람이에요. 젊었을 때 아내를 잃었고, 그 뒤에는 종교에 조금도 관심을 두지 않았어요. 하지만 수녀님을 보면서 다시 믿음을 가지게 되었어요."

우리는 헤어졌다. 하지만 몇 분 뒤, 슈퍼마켓의 다른 코너에 있는데 그가 나를 찾아왔다. 그는 사진을 한 장 찍자고 요청했다.

"제게 행운을 가져다줄 거 같아서요."

그는 나를 만나서 행복해진 것이다.

나는 누군가를 행복하게 하는 데는 큰 것이 필요하지 않다는 것을 깨달았다. 그저 들어 주는 것만으로 충분하다. 원하지 않지만 틀어박혀 항상 홀로 쓸쓸하게 살아가는 사람들에게는 그들의 말을 들어 주는 것만으로도 이미 큰 것이다.

지금은 이와 비슷한 만남을 수십 번 경험했다. 루르드에서도 나는 흔히 말하는 '주인공'이 되어 있었다. 그러나 모든 것은 시간이 가면 다 지나갈 것이다. 주인공은 주님과 성모님이시지, 그분들의 종이 아니다. 하느님의 척도로 보면 인간의 명성이란 그저 사람들에게 알려진다는 외적인 것이다. 남는 것은 열매, 뿌려진 씨앗이다.

그래도 이는 풍요로운 경험이다. 명성은, 나를 드러내지 않고 침묵하며 봉사하던 수녀로서의 내 삶을 송두리째 바꿔 놓았다. 나는 생김새가 중요하지 않았고 거기에 전혀 관심도 없었다. 중요한 것은 내 앞에 있는 사람이다. 사람들이 내게 자주 하는 이야기는 눈으로 볼 수 없고 측정할 수 없으며 가치를 매길 수 없으나 가슴에 와닿는 본질적인 무언가다. 그들은 나와 대화를 시작하면 곧바로 고통에 관해 말하거나, 기도를 요청하거나, 주님께 감사드린다는 것처럼 우리 삶에 본질적인 이야기를 꺼낸다. 그래서 만남은 단순하면서도 깊이가 있다.

내가 스타가 된 것은 아니다. 그렇게 되고 싶은 적도 없었으며, 앞으로도 없을 것이다. 스타는 그리스도시다. 내가 아니다. 나를 치유해 주신 그분이시다. 그리스도는 나의 삶이다. 이것 말고는 더 밝힐 것이 없다. 이것이 나의 정체성이다. 모든 것이 여기에 있다.

단지 모두의 눈에 나는 '기적을 입은 사람'이다. 나의 내면이 바뀐 것은 아니다. 변한 것은 다른 사람들의 시선이다. 나는 그저 얼굴이 조금 알려졌을 뿐이다. 이제는 사람들 눈에 띄지 않고는 지나다니기가 힘들다. 그러나 이는 내 삶이 새로워졌음을 보여 주는 한 요소일 뿐이다.

나는 새로운 삶을 살며 한 가지 궁금증을 갖게 되었다. 왜 우리는 삶을 이야기하기를 이렇게나 어려워할까? 비밀도 바로 탄로 나는 정보의 바다 속에서 깊숙한 내면의 이야기가 빠져나올 문은 왜 이렇게 열리지 않을까? 귀에 딱지가 앉을 정도로 말하는 투명성은 도대체 어디 있을까? 단순한 신뢰를 주기가 힘들 정도로 상처를 입은 것일까? 그냥 지나치다 만난 사람들에게 자신의 보물이나 우울함을 털어놓지 않는다는 것은 나도 안다. 내가 말하는 신뢰는 그런 것이 아니다. 내가 말하는 신뢰는 최소한의 평범한 신뢰다. 어떤 사람들은 가정생활, 직장생활 또는 단체생활에서 신뢰를 얻는다. 하지만 많은 사람들이 혼자이며, 신체적이거나 심리적으로 고통받을 때는 더욱 자신의 삶을 털어놓지 못한다. 나는 길거리에서, 아니면 내 경험담을 다 듣고 나서 나에게 다가오는 사람들의 수를 보며 이것을 점점 더 확인하게 되었다. 통신이 발달한 데다 풍요롭기까지 한 우리 사회가 마음에는 결핍을 낳은 것이다.

이 독특한 경험을 하면서 나는 우리 사회의 또 다른 경향을 살펴보게 되었다. 사람들이 서로 간에 파 놓은 수많은 구덩이가 얼마나 깊은지 보게 된 것이다. 남에게 보이는 모습과 실제 모습 사이에 있는 각자의 내면에 파 놓은 구덩이는 또 얼마나 깊은가. 나는 그 어떤 경우에도 그 누구도 판단하지 않는다.

나는 새로 시작되는 삶을 통해 개개인을 근본적으로 존중하는 태도를 굳건히 할 수 있었다. 하느님을 제외하고는 어느 누구도 각자의 삶에 숨겨진 이야기와 내면에 짊어진 고통의 몫을 알지 못한다. 나도 사람들과 이야기를 하다 보니 약간 알게 되었을 뿐이다. 이전에는 그들이 겪는 고통이 이 정도일 줄은 상상할 수 없었다. 어떤 사람들은 말 그대로 고통에 짓눌린 채 살아가고 있었다.

나는 얼마나 많은 사람들이 무거운 무게에 짓눌려 살아가는지 알고는 충격을 받았다. 또 한 가지, 그들이 영적인 무언가를 기대한다는 것도 내 마음을 울렸다. 그들은 더 이상 미사에 참례하지 않았고, 내면에 종교적인 영혼을 간직하고 있지 않았다. 그러나 그들의 마음을 영적으로 채워 주는 데는 별다른 것이 필요하지 않았다. 그들 대부분은 불행한 경험을 통해 교회는 별 필요가 없고 부당하다는 이미지를 갖게 되었을 뿐이다. 그러나 그들에게는 자신들의 속마음을 털어놓고 싶은 큰 욕구가 있었다. 바로 이 점이 내 마음을 뒤흔들었다. 왜 그들에게는 그 속내를 들어 줄 사람이 한 명도 없을까 궁금했다.

그래서 나는 이야기를 다 받아 주고 들어 준다. 내가 고해성사를 줄 수 있는 사제는 아니지만, 사람들의 이야기를 들으면 곧바로 주님에게 기도드리며 그들에게 해 줄 수 있는 딱 알맞은 말을 찾을 수 있도록 도와 달라고 청한다. 그리고 수녀로서 기도드릴 때 그들을 떠올린다. 그러면 이 사람들이 나이와 성향을 초월하여 내 안에서 작은 그룹을 이루기 시작한다. 나는 수도원에 돌아가면 내가 치유된 경당에서 성체 조배를 드리며, 이 모든 바람들을 내려놓는다. 나는 하나도 잊지 않으려 노력한다. 내가 그 사실을 잊는다고 해도 누군가 나에게 자신의 짐을 털어놓는 순간에 눈에 보이지는 않지만 주님께서 함께 계시며 그를 위로하고 지지해 주려 하신다. 내가 기적을 입은 사람이기 때문에 그리스도께서 영적으로 현존하시는 것이 아니다. 그분으로 인해 살아가는 어떤 신자에게라도 그리스도는 영적으로 현존하신다.

우리는 그리스도가 성체 안에 '실질적으로 현존하신다는 것'을 믿는다. 또한 아우구스티노 성인, 프란치스코 교황님을 비롯한 많은 성인들이 되새긴 것처럼 고통받는 모든 사람에게도 그리스도가 실질적으로 현존하신다는 것을 믿는다. 우리 그리스도인은 개개인 안에, 특히 가장 어리고, 가난하고, 고통받는 사람들에게 예수님이 현존하신다는 것을 안다. 성경에서 이렇게 말하는 것처럼 말이다.
"그리스도만이 모든 것이며 모든 것 안에 계십니다."(콜로 3,11)
내가 많은 사람들에게 알려진 것은 주님의 좋은 소식을 알리기 위해서라고 생각한다. 나는 오로지 주님을 위해서 봉사하라는 부르심을 받은 것이다. 나는 내가 가진 '명성'에 아무 책임이 없다. 명성은 환상과도 같다. 곧 지나갈 것이다. 또 이 모든 것은 나에게 거저 주어진 것이다. 이를 이용해서 교만해지면 안 된다. 교만해진다면 그것은 잘못 자리 잡은 교만일 것이다. 그렇게 된다면 활로 없는 투자처럼 모든 것을 잃을 것이며 결국에는 자신까지 잃게 될지도 모른다.

하지만 방송에 나온 뒤부터는 익명으로 살아가기 어려웠다. 내게는 이 유혹에 굴복하지 않기 위한 두 가지 약이 있었다. 그것은 바로 기도와 순명이었다. 길에서 벗어나지 않기 위해 나는 꾸준히 기도를 올렸다. 특히 성모님께 기도드렸다.

성모님은 우리가 기도를 드리면 우리를 예수님의 신비로 자연스럽게 이끌어 주시는 분이다. 예수님의 신비, 이는 하느님이시다. 우리는 그분의 목소리를 들으려 하고 기도를 통해 그분과 소통한다. 우리는 성모님이 예수님 곁에서 역할을 하심을 믿는다. 성모님은 자신의 아들인 예수님께 모든 것을 청하실 수 있다. 우리는 이를 위해 성모님께 기도를 드리는 것이다.

내 삶은 기적이라는 특징을 띠게 되었다. 나는 기적을 대가 없이 받았다. 이 일로 자만하라는 소명을 받은 것은 아니다. 하지만 이 경이로움을 나만을 위해서 간직할 수는 없다. 나는 새롭게 받은 이 특징 앞에서 겸손함을 지키게 해 달라고, 몸이나 영혼이 고통받는 사람들에게 희망을 주는 데 이 경험을 사용하게 해 달라고 기도한다. 이 밖에 다른 계획은 없다. 사실 계획이라고 할 것도 전혀 없었다. 이 모든 일이 내게 일어나리라고 어떻게 예상할 수 있었을까?

두 번째 약인 순명. 순명은 나의 공적인 삶의 새로운 열쇠다. 공적인 삶이라고 말한 이유는 수녀로서의 사적인 삶은 더 이상 투병 생활을 하지 않는 것 말고는 달라진 것이 없기 때문이다. 나는 브누아 고냉 주교와 장상 수녀의 동의 없이는 기자 회견이나 언론 활동, 많은 요청이 있었던 책 집필 등 어떠한 공개적인 활동도 수락하지 않았다. 우리 수녀회 수녀는 네 명뿐이었지만, 서로 의견을 많이 나눴으며 어떤 길을 따라야 할지 식별하기 위해 다 함께 기도를 올리곤 했다.

이것이 순명이다. 윗사람에게 맹목적으로 동조하는 것이 아니다. 어느 것이 좋을지 식별하는 일은 늘 쉽지 않지만, 그럼에도 좋은 것을 꾸준히 찾아가는 것이다. 스스로 심사숙고하는 것을 막는 게 아니라, 옳고 그름을 가늠하고 내 의견을 제시하되 스스로 최종 결정을 내리지 않는 것이다. 이는 우리 안에 많은 자유를 주고, 사심을 없애 주며, 우리가 나쁜 결정을 내리지 않게 해 준다. 순명은 겸손해야만 가능하다.

하지만 그리스도인의 이 미덕은 지금은 대수롭지 않게 여겨지거나 약자의 전유물로 간주된다. 이는 잘못된 생각이다. 누구나 신체적으로나 정신적으로 중병에 걸리면 사람의 진정성이 외적이거나 사회적인 겉모습에 있는 것이 아니라, 자아가 사는 내면의 집에 있다는 것을 알게 된다. 다른 사람을 낮추어 보거나, 단정 짓지 않도록 예방 접종을 한 것과 같다. 우리가 어떤 사람인지 그 모습 그대로, 꾸미지 않고 과시하지 않은 채 다른 사람을 바라보게 된다.

나는 겉모습에 모든 것을 거는 세상을 항해한다. 나의 새로운 삶은 그만큼 아주 다채로웠다. 내 경험담이 알려진 후에 만났던 사람들, 길거리에서나 언론이라는 화려한 울타리 안에서 만난 사람들은 모두 같은 간판을 단 집에서 살고 있었다. 그들은 모두 같은 불행으로 고통받고 있었다. 사랑의 결핍, 자신의 진정한 모습을 인정받지 못한 데서 느끼는 결핍, 과잉의 홍수 속에서 갈피를 잃은 심각한 자유의 결핍, 그리고 어떤 사람들은 자신의 존재를 망가뜨리는 몸과 마음의 질병을 앓고 있었다.

아무리 상처받은 삶이라도 실패나 불합리로 끝날 운명에 처해진 삶은 어디에도 없다. 하느님이 기적을 일으키실 곳은 우리 삶의 여정 중에서도 망가진 철판처럼 주름지고 구겨진 곳이다. 단, 조건이 있다. 우리가 불행이 들어앉은 방의 문을 하느님께 활짝 열어 드리려는 마음을 가져야 한다는 것이다. 우리는 이것을 내어 맡김이라고 부른다. 내어 맡기지 않고서는 그분은 아무것도 하실 수 없다. 하느님이 행동하실 여지를 우리 내면에 남겨 두지 않는다면 하느님은 무력하실 수밖에 없다.

한번은 이런 경험을 한 적이 있다. 수백 년이나 된 우리 종교의 표징을 이제는 많은 사람이 공유하지 않으며, 청년층은 특히 더 그렇다는 것을 알게 된 일이었다.

FR3 Nord의 '여러분은 대단합니다Vous êtes formidables'라는 프로그램에서 나의 치유에 관한 내용을 방송했다. 노르는 나의 고향이었기 때문에 나는 교구의 동의를 얻어 출연을 승낙했다. 각 초대 손님이 자신을 설명해 줄 수 있는 소품을 가져와서 이야기를 풀어내는 식으로 진행되는 방송이었다. 초대 손님이 가져온 소품은 그 뒤에도 계속 스튜디오에 진열되었다. 나는 나를 가장 잘 정의하는 소품은 성모님께 바치는 묵주 기도를 할 때 사용하는 묵주와 루르드의 성모님 사진이라고 생각했다.

나는 자부심을 느끼며 이 작은 선물과 경건한 사진을 들고 방송국에 도착했다. 이 소품들이 만국 공통의 언어라고 여겼기에 따로 설명이 필요 없을 거라고 생각했다. 그래서 기자가 진지하게 "이것은 무엇이지요?"라고 물었을 때 정말 좌절했다. 묵주도, 루르드의 성모님 사진도 그 기자에게 아무것도 연상시키지 못한 것이다. 나는 설명을 해 주었다. 기자는 존중심을 가득 담아 내 소품들을 정성껏 받았다.

세대 차이가 있었을까? 문화적 차이일까? 아니면 종교적 무관심일까. 나는 그 기자의 잘잘못을 따지지 않았다. 그저 가톨릭교회가 교회의 것을 전하는 데 소홀했다는 무거운 책임감을 통감할 뿐이었다. 그 기자가 가톨릭에 관해 이미 들어 본 적이 있는지 잘 몰랐지만, 나는 내 신앙을 설명했다. 그 기자가 개인적으로 어떤 신앙을 믿든, 혹은 무교이든, 나와 크게 관련은 없었다. 또 이 이야기가 내가 선호하는 멋지고, 간결하고, 심도 있는 방식의 인터뷰를 하는 데에 지장을 주었던 것도 아니었다.

다음 날 사람들이 "텔레비전에서 수녀님을 봤어요."라고 말하는 소리가 들렸다. 사람들이 이렇게 말하는 것은 아주 자연스럽다. 나도 아무렇지 않다. 나는 사람들이 내 경험담에서 무언가 얻어 가는 것이 있었으면 좋겠다. 내가 전해 준 경험담에서 무엇을 얻어 가는 것은 내 몫이 아니다. 사람들의 마음속에서 자신의 작품을 완성하시는 주님의 몫이다. 주님은 언론 전략을 세우지 않으신다. 나 역시 같다. 나는 그분의 종으로 존재하고 그렇게 살아가고 싶다. 이는 방송에 출연해도 달라지지 않는다.

제대로 된 방송이란 걸 경험한 것은 France 5의 '여러분에게 하는 말입니다 C'est à vous'라는 프로그램에서였다. 기자 한 명만 있는 프로그램이 아니라 내가 사진으로만 봤지 잘 모르는 피에르 레스퀴르 같은 유명 인사 다섯 명이 테이블에 모여 앉아 이야기를 나누는 방송이었다. 다른 유명 인사로는 나를 정말 다정하게 대해 준 사회자 안 엘리자베트 르무안이 있었다. 또한 배우이자 사회자인 티에리 베카로도 빼놓을 수 없었다. 충격적인 책《나는 17세에 태어났다 Je suis né à 17 ans……》를 펴낸 지 얼마 안 되었던 그는 매 맞는 어린이였던 자신의 끔찍했던 과거를 이야기하기 위해 초대 손님으로 출연했다. 그리고 믿기지 않았지만 나는 '이날의 여성'으로 출연했다. 아직도 실감이 안 간다.

나는 스튜디오에 도착해서 그들에게 "텔레비전 출연은 제 분야가 아니에요."라고 말했다. 하지만 그 방송에 출연해서 나 스스로 놀랐을 만큼 진실을 말할 수 있었다. 나는 이 방송에 출연해 큰 감동을 받았고, 그 감동은 다른 이들에게도 전해졌다. 연기를 한 건 아니었다. 내 모습 그대로였다. 나는 내 모습이 아닌 다른 모습으로 행동하는 법을 알지 못했다. 촬영이 잘되었는지 아닌지도 몰랐다. 여기에는 관심이 없었다. 단지 긍정적인 무언가를 많이 받았을 뿐이다.

르무안은 '기적을 입은 사람'이 된 사실이 나의 삶에서 어떤 점을 변화시켰는지 물었다. 나는 이렇게 대답했다.

"기적요? 제게 달라진 점은 아무것도 없어요. 물론 무언가는 달라졌겠지요. 그 증거로 제가 여기 이렇게 있는 것이고요. 지금은 교회에서 인정을 받았습니다. 루르드의 성모님의 전구를 통해 하느님이 제게 해 주신 일을 말씀드릴 수 있게 된 것이지요. 저는 이것이 하느님께서 교회에 내린 선물이라고 생각해요. 이 세상과 아픈 형제자매들에게 희망의 말을 전할 수 있도록 하느님께서 주신 선물을 함께 나누고 싶어요."

르무안은 내가 명성을 얻게 되면서 자만하게 되지는 않았는지 물었다. 나는 이렇게 대답했다.

"제 마음속에서 달라진 것은 아무것도 없어요. 저는 여전히 프란치스코회의 보잘것없는 수녀입니다. 이는 제 본연의 모습이고, 수녀로서 저는 제가 해야 할 임무도 있지요. 그저 그 일을 해 나가고 있습니다."

그다음에는 나의 병, 순례, 치유 이야기를 했다.

"뒤틀려진 제 발이 제자리로 돌아온 것을 보았어요. 고통 없이 움직일 수 있게 된 것이지요."

성체 조배 순간을 이야기할 때는 이렇게 말했다.

"따뜻한 기운을 느꼈어요. 그 기운은 심장에서 출발했습니다. 그리스도와 맺는 관계에서처럼 말이지요. 주님과의 관계에서 우리는 마음의 허물까지 터놓거든요. 주님은 성체 안에 계세요. 성체가 원천이지요. 성체 조배를 하면서 저는 이 원천 앞에 있었어요. 삶의 원천 앞이었지요."

나는 나의 깊은 신앙을 공개적으로 이렇게 다 말해도 되는지 전혀 개의치 않은 채 모든 것을 말했다. 주님께 다른 사람들을 낫게 해 달라고 청했던 것을 떠올렸다.

"이것은 하느님께서 대가를 바라지 않고 주신 거예요. 저는 제 자신을 위해서는 아무것도 청하지 않았어요."

또한 나는 하느님께 설명을 요구하지는 않았지만, 치유된 후에 '왜 내가?' 하며 항상 궁금해했던 것도 이야기했다. 이날 방송은 신앙 경험담이었다. 나는 이렇게 말했다.

"저는 십자가 위에 못 박히신 그리스도와 하나 되어, 환자이자 장애인의 삶을 살았어요. 이제 이 세상을 위해 그분을 내어 드립니다."

그 뒤, 풍자와 진실의 또 다른 순간이 이어졌다. 다른 방송에서 나온 철학자 라파엘 안토벤의 논평을 자료 화면으로 보여 준 것이다. 안토벤은 "보베 교구 주교가 단지 아직 설명되지 않았을 뿐인 현상을 기적으로 치부했습니다."라고 비난했다. 그러면서 이렇게 주장했다.

"현재 과학 지식에 기초해서 내린 일시적인 검토 결과를 어떻게 영원히 남을 결과로 받아들일 수 있습니까? 그것도 기적이라고 말하면서? 아무 의미 없는 일입니다!"

이 철학자는 이렇게 결론을 맺었다.

"불가사의에 신비함이라는 조명을 켰지만 어둠만 더 깊어졌습니다. 이들은 암흑을 확산시켰고, 종교를 미신의 영역에 넣어 동요하게 했습니다."

출연자들은 자료 화면을 본 나의 반응을 궁금해했다. 이 비난이 나를 아프게 하고 슬프게 한 것은 사실이었다. 그러나 내용 때문이 아니라 그의 공격적인 태도를 보았을 때 인간을 존중하는 마음이 심각하게 결여되었다고 느꼈기 때문이었다. 나는 이렇게 대답했다.

"그저 웃을 수밖에 없네요. 저는 그의 의견을 존중합니다. 그는 믿고 싶지 않았던 것이고 그에게 기적을 믿게 할 의무는 저에겐 없습니다. 그는 저와 다른 철학을 가졌으며 저는 그것을 존중합니다. 저는 다른 사람을 그 모습 그대로 존중합니다. 세상에는 각양각색의 사상이 있습니다. 저도 제 생각이 있습니다. 제 신념이 있습니다. 그래서 저는 그가 한 말을 기반으로 신념을 바꾸어 그의 말에 동조할 순 없습니다. 그가 지금과 반대로 말한다 해도 신념을 꺾을 수는 없습니다."

나는 상대를 생각하지 않고 강하게 비판하는 그에게 충격을 받았다. 왜 그랬을까? 그는 무엇이 두려웠을까? 적절한 주장이었다고 생각했다면 왜 그렇게 공격적으로 말했을까? 자신과 같은 생각을 하지 않는 상대를 쓰러뜨리려고 했을까? 상대의 명예를 훼손하려고 한 걸까? 철학자란 오히려 신중해야 하며 다른 사람의 주장을 존중해야 한다고 생각한다. 나는 그의 태도가 잘 이해되지 않았다. 아니, 어쩌면 이미 잘 이해하고 있었는지도 모른다. 그가 반기독교적이고 반교권적인 선입관을 가지고 있음을 말이다.

한편 레스퀴르는 나를 아주 정중히 대해 주었다. 이렇게 신랄하게 논평하는 이들을 많이 봐 온 그는 자신의 감정, 자신의 진실한 마음을 감추지 않았다. 하지만 그는 '루르드의 기적'이 점점 감소한다고 나에게 강조했다. 나는 이렇게 말했다.

"루르드로 순례를 떠나길 원하는 모든 사람들에게 그 순례를 떠나자고 제안해야 합니다. 사람들은 루르드로 순례를 떠날 생각을 하지 않습니다. 저는 사람들에게 루르드로 순례를 떠나자고 제안하는 일이 겁나지 않습니다. 만약 제 의사 선생님이 저에게 루르드로 순례를 가 보자고 제안하지 않았다면 오늘 저는 여기 없을 겁니다. 주위 사람들, 고통받는 사람들에게 순례를 떠나 보자고 제안하는 일을 피해서는 안 됩니다."

그리고 나는 레스퀴르의 말에 반박했다.

"선생님은 기적이 많이 감소한다고 하셨는데요. 루르드의 기적은 어마어마합니다! 가장 위대한 기적은 루르드의 환자들, 의료 봉사자들, 순례자들 사이에 존재하는 유대감입니다. 우리는 그곳에서 한 가족이 됩니다. 가장 보잘것없고 고통받기 때문에 세월 속에 묻힌 사람들이 루르드에서는 영광 안에 있습니다. 그리고 의료 봉사자들은 그 영광을 위해 봉사합니다! 루르드에서 우리는 많은 것을 배웁니다. 루르드의 기적에는 눈에 보이는 치유의 기적만이 아니라, 눈에 보이지 않는 내적인 치유도 있습니다. 루르드에 순례를 다녀오면 우리는 항상 다른 사람이 됩니다. 저는 루르드 순례를 다녀온 뒤 진정으로 신앙을 되찾은 사람들의 경험담을 압니다."

나는 이 방송에 출연하기 전에 오직 기도만 드렸다. 방송 출연은 시험과도 같았다. 또한 인상적인 일이었다. 나는 꾸미기를 싫어하는 사람이지만 방송을 위해 메이크업을 받았다. 얼굴에 번들거림을 방지하는 파우더를 발라야 했기 때문이다. 또 머리 손질도 조금 받았지만, 내 모습 그대로 나오고 싶어서 스튜디오에 올라가기 전에 직접 손으로 머리를 휙 쓸었다. 나는 자연스러운 것이 좋고, 있는 그대로의 모습을 간직하고 싶었다. 하지만 이것은 사소한 것이다. 나는 이 방송이 좋았다. 겉치레나 꾸밈이 없었기 때문이다. 나는 성령이 내 앞에서 걸어가셨고, 모든 출연진들의 앞에 계셨다고 믿는다. 성경에서도 "바람은 불고 싶은 데로 분다."(요한 3,8)라고 하지 않았는가. 방송을 하며 나 스스로도 놀라웠다. 경당을 나오듯 진정된 마음으로 스튜디오를 빠져나왔다. 그게 당연한 것처럼. 그 이후, 나는 교회와 아주 멀리 있던 사람들에게도 적잖은 연락을 받았다. 그중에는 내가 나온 방송을 미국에서 봤던 내 조카도 있었다.

나는 시청자가 많은 방송에 초대받게 해 주신 주님에게 감사드린다. 이 방송을 시청한 사람들, 스튜디오에 함께 있었던 출연진들, 그리고 안토벤을 위해서 기도한다. 그가 상대를 생각하는 마음이 깊어지기를, 그가 내면의 평화를 되찾기를 바라며 기도한다. 또한 그가 종교를 믿는 사람들, 특히 가톨릭 신자들을 더욱 존중하게 해 달라고 기도한다. 나는 또한 정보의 자유를 누릴 수 있음에 감사드린다. 우리 프란치스코회 수녀들이 사는 나라 중에는 정보의 자유가 없는 곳도 있다. 이 자유는 좋을 때도 있고 나쁠 때도 있지만, 이 자유 덕분에 내가 입은 기적이 아무도 모르게 지나가 버리지 않았다.

　기자 회견도 이야기하려 한다. 나의 치유가 공식적으로 발표된 직후인 2월 13일 화요일에 보베 교구 주교관에서 기자 회견이 있었다. 친절하면서도 직업 정신이 투철한 교구 홍보 담당자 쥘리앵 스레가 미리 이렇게 알려 주었다.

　"화요일에 기자 회견이 있어요. 그전에는 어디에서도 인터뷰하시면 안 됩니다."

　기자 회견? 나는 무엇을 해야 할지 정말 몰랐다. 그래서 성령이 오셔서 내가 무슨 말을 해야 할지 가르쳐 주시고 영감을 주시기를 바라며 기도드리는 것 말고는 아무 준비도 하지 않았다. 그날 아침, 주교가 공식 복장을 입은 것을 보았다. 제의에 보라색 허리띠. 그제야 이 기자 회견이 정말 중요한 것인가 보다, 라는 생각이 들었다. 사도직 수도회 수녀로서 나는 하얀색 스웨터에 T자 모양의 프란치스코회 나무 십자가를 목에 걸고, 고동색 겨울 치마를 입고 있었다. 아주 간소한 차림이었다. 기자 회견장에 모인 60여 명의 기자들, 빽빽하게 뭉쳐진 마이크들, 카메라들을 보니 정말 아무 생각도 나지 않았다. 더 이상 뒤로 물러설 수 없었고 이제는 연단 위에 올라가야만 했다. 내 성향과는 맞지 않는 일이었다. 이 모든 것은 내가 경험담을 이야기하도록 사전에 계획된 일이었다.

"주님, 오셔서 저를 도와주시고 무슨 말을 해야 할지 알려 주세요."

나는 이날 두려움 없이 말할 수 있는 영감, 평화와 기쁨의 은총을 받았다. 대단히 인상적이었다.

언론에 출연한 일 중 강하게 기억에 남은 일을 하나 더 이야기해 보려 한다. 공식 발표 직후였을 것이다. 한 시간쯤 지났을까, 지역 방송국에서 우리 수녀원 마당으로 들이닥쳤다. 손으로 카메라를 움켜쥔 채 '기적을 입은 사람'을 찾아온 것이다. 동료 수녀들은 곧바로 도망치는 전략을 시행했다. 우리 건물은 작았지만 다행스럽게도 문은 여러 개였다. 기자들에게 문을 열어 주러 나갈 때도 내가 아니라 다른 수녀가 나갔다. 동료 수녀들은 내가 여기 없다는 대답 말고는 다른 말은 할 수 없었다. 선의의 거짓말이었다. 주교관에서 내게 그 중요한 기자 회견 전에는 언론에 모습을 드러내지 말라고 당부했기에 어쩔 수 없었다. 기자들은 성과 없이 돌아갔다. 기자들은 잠시 수녀원 근처를 서성였지만 우리는 오고가는 골목길에서도 조심했다.

언론이 중요하지 않다고 말하는 것은 아니지만, 언론에서 말하는 것과 언론을 통해 읽는 것, 듣는 것, 보는 것 사이에는 분명히 정보를 거르는 무언가가 있다. 반면에 생방송에서 말하면 정말 있는 그대로 전해진다. 내가 새로 시작한 삶에서 이전과 달라진 점, 어쩌면 가장 많이 달라진 점이 바로 언론에 모습을 드러내게 된 것이다. 나는 경험담을 들려 달라는 섭외를 정기적으로 받았다. 사람들이 앞에 있다. 그들은 내 말을 경청하고 질문을 한다. 그들은 그렇게 하려고 이곳에 왔다. 통제할 수 없는 일들도 일어난다. 다행스럽게도 사람들은 강력하고 풍부한 메시지를 전달받으며, 자기 스스로를 뛰어넘게 되었다는 느낌을 받곤 한다고 말했다. 그러나 나는 그런 느낌을 주려고 노력하지 않는다. 내가 바라는 것은 오직 한 가지, 하느님이 손에 들고 연주하시는 악기가 되고픈 마음뿐이다.

사람들은 방송 이후, 내 이야기에 감동을 받아 편지를 보내 주거나, 자신의 경험담을 직접 들려주었다. 어떤 여성은 내 경험담이 얼마나 감동적이고 큰 반향을 불러일으켰는지 말해 주었다. 그 여성은 내 이야기를 듣고 나서, 자선 사업에 참여하게 되었다고 했다.

나는 환자들과 믿음 속에서 거룩한 영성체 시간을 가지기도 했다. 환자 중에는 내가 아는 사람도 있었고 모르는 사람도 있었다. 그중에서도 캉브레의 가르니에 대주교가 떠오른다. 그는 의연함과, 그리스도인의 내어 맡김을 바탕으로 암과 싸웠다. 병에 확신을 가지는 사람은 아무도 없다. 병을 책임지는 사람들이라도 확신하지 못한다. 40년 넘는 오랜 시간을 아팠던 일, 점점 공격성을 더해 가는 병과 싸웠던 경험을 통해 나는 환자들의 상황에 따라 맞는 말과 행동이 무엇인지 터득하게 되었다. 물론 말로 병을 낫게 할 수는 없지만 아픈 사람들을 달래 줄 수는 있다. 기도도 마찬가지다.

정치계와 관련되는 일도 있었다. 세상 속에 뛰어드는 우리 사도직 수도회는 물론이거니와 관상 수도회도 공공 생활과 지역 생활에 관심을 둘 수 있다. 우리 수녀 공동체는 할 수 있는 한 마을 활동에 참여한다. 2018년 3월 4일, 교구 공동체와 본당 공동체가 참석한 가운데, 브누아 고냉 주교가 집전한 기적 인정 감사 미사가 있었다. 이 미사에는 브렐 시장 도미니크 코르디에, 우아즈 도의원인 하원 의원 올리비에 다소와 상원 의원 올리비에 파코, 그리고 각 도시 의원들이 참석했다. 미사가 끝나고 시청에서 칵테일파티가 열렸다. 시장이 기념사를 했고, 내가 치유된 것을 최초로 목격한 98세의 마리 알베르틴 수녀가 참석해 나에게 일어난 치유에 관한 생각을 자유롭게 나누었다. 마리 알베르틴 수녀는 환자들을 돌보고, 교리 교육을 하며, 청소년을 선도하는 등 여러 봉사 활동을 하며 브렐에서 25년을 살았다. 그녀는 그때 상황을 회상했다. 우리의 각별한 유대감이 느껴졌다.

이어서 루이 알렉상드르 퐁티외가 상원 의원 올리비에 파코가 발행하는 잡지 《테르 디스투아즈 Terres d'Hist'Oise》에 넣을 인터뷰를 해 달라고 나에게 요청했다. 물론 나는 수락했고, 대신 그에게 브렐 성당의 수리를 위해 기부해 줄 수 있는지 물었다.

인터뷰의 마지막 질문은 이것이었다.

"수녀님은 기적을 받으셨는데요. 만약 직접 기적을 행하실 수 있다면 무엇을 변화시키고 싶으신가요?"

나는 대답했다.

"가장 먼저 전 세계의 평화를 가져오는 기적을 행하고 싶습니다. 아이들이 더 이상 전쟁의 희생자가 되지 않는 것, 사람들이 약한 이들을 억누르는 권력과 돈에 얽매이지 않는 것, 우리가 하느님께 받은 생명을 존중하는 것입니다."

이것이 나의 메시지였다. 프란치스칸이든, 그렇지 않든 우리의 메시지는 같았을 것이다.

그러나 나의 새로운 삶, 내가 이렇게 말해도 된다면 '공적인' 새로운 삶의 정점은 루르드를 여러 번 다시 찾은 일이었다. 가장 감동적인 방문은 치유된 후 처음 떠났던 2009년 7월의 순례였다. 마사비엘 동굴 앞에서 느꼈던 심정을 어떻게 묘사해야 할지 모르겠다. 정말 강렬했다고 말할 수 있을 뿐이다. 고통 가득한 몸을 이끌고 왔던 이 장소에, 다 나은 채 처음으로 다시 온 것이다. 나는 마음껏 울었다. 더 이상 아무 말도 할 수 없었다. 땅에 엎드려 흙이 몸에 닿을 때까지 웅크린 채, 감사 행위로 긴 침묵의 기도를 드렸다. 루르드는 내 안에 산다. 루르드의 성모님은 언제나 나와 함께 계신다. 성모님은 고통받는 사람들을 위해 오로지 사랑과 연민을 이야기하시며 나의 내면에서 나와 친밀한 대화를 나눠 주신다. 여기에는 말도, 소리도 없다. 나는 루르드에 없을 때도 텔레비전 방송이나 라디오를 통해 루르드 마사비엘 동굴의 오후 묵주 기도를 함께하며 그 장소와 하나가 된다.

치유를 받은 후 첫 방문에서는 온전한 순례를 하기가 어려웠다. 교구 순례단으로 순례를 자주 떠나는 사람들은 2008년에 휠체어에 앉은 환자였던 나를 보았고, 1년 뒤인 2009년에는 다른 환자들의 휠체어를 밀어 주는 완치된 나를 보았다.

"저 수녀님이 다 나은 사람이래."

사람들이 수군수군 말하는 소리가 들렸다. 그때까지만 해도 아직 기적이라고 말하지는 않았다. 나는 사람들의 눈에 띄지 않은 채 기도드리고 환자들을 돕고 싶었지만, 그럴 수 없는 상황이었다. 그래서 조용히 있으려고 내 명찰을 떼어 냈다. 순례 운영자들도 나를 배려해 주었고 비로소 나는 '보호받는 삶'을 되찾게 되었다. 지금은 이것도 불가능한 일이다.

그리고 2018년, 기적이 발표된 후 나는 루르드를 다시 찾았다. 나의 개인적인 삶은 이제 완전히 내려놓아야 했다. 사람들에게 잡히지 않고서는 한 발자국도 내딛을 수 없었다. 70번째 기적을 입은 사람의 사진이 여기저기에 붙어 있었다.

내가 받은 것은 은총이었다. 이는 아마도 내게 왜 이러한 일이 일어났는지 이해할 수 있게 하는 이유일 것이다. 루르드에 있다는 것, 두 발자국 떨어진 곳에 마사비엘 동굴이 있는 성모님의 도시에 있다는 것, 자신이 짊어진 가장 무거운 짐을 고요한 마음속에 내려놓고자 성모님께 기도드리러 온 수많은 이들과 이야기를 나누는 것. 루르드에는 과시하는 이가 존재하지 않으며, 고통을 과시하는 일은 더더욱 없다. 기적을 입은 사람이라는 나의 새로운 신분은 과시가 아니라 그 자체로서 모든 것을 뜻했다. 선물이자 도움이었다. 나는 하느님께 그야말로 많은 것을 받았다. 이 은사에 감사드리기 위해 나는 받은 것을 다른 사람들에게 전해 주며 그들이 희망을 되찾도록 도움을 주어야 한다.

2018년 7월의 어느 저녁에는 3,000여 명과 함께 대화를 나눈 시간도 있었다. 때때로 이 모든 것이 정말 실제로 있었던 일인지 스스로 되묻곤 한다. 아직도 내 살을 꼬집어 본다. 이것은 꿈이 아니다. 나는 다 나은 것이 맞다. 그렇게 많은 사람들에게 이야기를 한 경험은 한 번도 없었다. 성령께서 내 앞에서 나를 보고 계셨다. 성령 없이 나는 아무것도 아니다.

루르드 순례를 온 수백 명의 청년들 앞에 섰던 경험도 잊을 수 없다. 나는 그들에게 이렇게 외쳤다.

"주님께서 여러분을 부르고 계세요!"

나는 청년들에게 동굴 가까이로 가서 환자들을 도울 것을 권했다.

"여러분이 이곳을 떠날 때는, 처음 도착했을 때의 모습이 아닐 거예요. 변화되어 있을 거예요."

더 내면적인 만남들도 있었다. 한번은 산소통을 멘 환자가 휠체어를 탄 채 동굴 앞에 있는 모습을 보았다. 내 마음이 흔들렸다. 나는 그에게 다가갔다. 말을 할 수 없었던 그는 나에게 연필을 건넸다. 얼마 뒤, 나는 환자들을 위한 숙소인 '생 프레'에서 그와 다시 마주쳤다. 그는 나에게 작은 십자가를 주었다. 그 십자가는 그가 여전히 십자가 위에 있음을 상징했다. 그는 이렇게 썼다.

"예수님은 제가 십자가에 있다가 부활하게 해 주셨어요. 하지만 이 십자가는 기도 안에서 우리 두 사람을 하나가 되게 해 줍니다."

이런 수많은 고통과 기대감을 마주하게 된 나에게 미사 중 성체를 영하기 전에 암송하는 문장은 믿을 수 없는 힘을 전해 주며 긴 여운을 남긴다.

"주님, 제 안에 주님을 모시기에 합당치 않사오나 한 말씀만 하소서. 제 영혼이 곧 나으리이다."

내 기적과 새로운 삶을 함축하는 문장이기에 나는 계속 묵상한다. 나는 많은 사람들이 자신의 불행에서 치유될 수 있기를 바라며 다른 사람들을 위해서 기도한다. 주님은 달래 주시고, 위로해 주시며, 치유해 주신다고 믿는다. 나는 우리가 고통을 어떻게 견딜 수 있는지, 특히 어린아이가 고통을 어떻게 견딜 수 있는지 절대 이해할 수 없다. 다른 이가 겪는 고통에 내가 줄 수 있는 답은 오로지 십자가에 못 박히신 그리스도를 바라보라는 것이다. 이것이 유일한 길이다. 우리 삶이 십자가가 되어야 하는 것이 아니라 십자가가 우리 삶의 일부인 것이다. 길은 루르드에만 있는 것이 아니다. 삶과 죽음, 선과 악은 어느 곳에나 있다. 이는 우리 모두에게 던져진 화두다.

루르드가 믿을 수 없는 만남이 일어나는 장소인 것은 분명하다. 루르드는 커다란 행성 같지만 실은 작은 마을이다. 나는 그곳의 성소 관리인과도 의미 있는 만남을 가졌다. 그는 내가 치유된 후 나를 알게 되었다. 그래서 나에게 무슨 일이 있었는지 알지 못했다. 나는 10년간 루르드 의료국에 드나들면서 그와 여러 번 마주쳤다. 그는 '기적을 입은 사람'이 가까운 곳에 있음을 알게 되자 깜짝 놀랐다. 그리고 나를 다시 보았을 때 기뻐서 어쩔 줄 몰라 했다. 그 뒤, 그는 산책을 할 때면 가끔 내 사진을 꺼내 본다고 했다. 얼마나 기쁜지 모른다. 내게 주어진 이 기쁨은 내가 잠이 들거나 깨어날 때도 내 안에 산다. 나는 이제 고통의 침대와 멀어졌지만 이 엄청난 소식은 나만을 위한 것도, 나의 위안을 위한 것도 아니다. 이 소식을 널리 알리라는 의미에서 나에게 주어진 것이다. 이제 내가 이것을 전파할 차례다.

내 고향 노르, 우리 수녀회 본원인 낭트가 속한 브르타뉴 지방에서도 사람들을 만났다. 늘 만나던 사람들도 있었고, 수십 년 만에 다시 본 사람들도 있었다. 어린 시절, 청년 시절 친구들. 사이가 멀어졌던 사촌들. 언젠가 마주친 적은 있으나 다시는 보지 못할 줄 알았던 사람들. 낭트에서는 3월 13일, 전 보베 교구 주교였던 제임스 주교와 우리 수녀회 본원에서 감사 미사를 드렸다. 제임스 주교는 나의 치유가 기적으로 인정받아 진심으로 기쁘다고 말했다. 2008년 그 순례는 그때까지 그에게 깊게 각인되어 있었다.

사람들에게 편지도 받았다. 하지만 답장을 보낼 시간을 낼 수가 없다. 할 수 있을 때 몇 마디 말이라도 보내 보려고 노력하지만, 답장을 쓰지 못한 편지들이 쌓여 간다. 대부분은 마음에 와닿는 기도를 부탁하는 간단한 편지들이다. 여기에 편지 한 통을 소개하려 한다.

"제가 이 짐을 짊어질 수 있게 도와 달라고 수녀님께 부탁드립니다. 수녀님의 경험담을 듣고 저는 다시 희망을 갖게 되었습니다. 하느님께는 불가능한 것이 없습니다. 수녀님 덕분에 저는 조금이나마 용기를 되찾았습니다. 진심으로 감사드립니다. 다른 사람도 희망을 다시 찾을 수 있도록 계속 힘써 주세요."

이것이 나의 새로운 삶이다. 모두에게 알려지고, 모두에게 도움이 되는 존재가 되며, 하느님의 경이로움을 이야기하는 이 모든 것을 받아들이기. 더 이상 나 자신에게만 속한 사람이 되지 않고 나를 하느님께 귀속시키기. 그토록 오랫동안 간직해야만 했던 비밀을 털어 버리기. 전면에 나오게 되어 쉽지는 않겠지만 겸허함을 유지하기. 교만에서 나를 보호하고 하느님께 모든 영광을 돌리기.

하느님은 매일 잔고 증명서를 잃어버리신다. 그분의 사업에는 숫자로 정리된 결과란 없다. 그분이 주시는 것은 미소, 용서, 평화, 기쁨이다. 그분이 바라시는 것은 자비, 넘치는 사랑이다. 하느님은 인색하지 않다. 그분은 사랑을 주신다. 이게 전부다.

나의 새로운 삶이 모두 장밋빛인 것은 아니다. 나를 그다지 환영하지 않는 곳들도 있다. 예수님은 "내가 진실로 너희에게 말한다. 어떠한 예언자도 자기 고향에서는 환영을 받지 못한다."(루카 4,24)라고 말씀하셨다. 이 말씀처럼 우리 마을 브렐과 본당의 몇몇 사람들과는 대화하기가 어려웠다. 내가 누군가를 비판하거나 판단하지는 않았지만 그냥 어려웠다. 나는 성녀가 아니다. 나는 성격이 단호하며, 때로는 약간 지나칠 정도로 직설적이고 비사교적으로 말을 쏟아 내는 사람이라는 평도 있다. 나는 참지 않고 분명하게 내 생각을 말한다. 때로는 충동적으로 말하기도 한다. 우리 수녀원에서도 마찬가지다. 나는 이렇게 행동하면서 에너지를 많이 얻지만, 동료 수녀들은 나와 생활하는 게 쉽지는 않을 것이다. 나 때문에 동료 수녀들이 상처를 입었다면 사과하고 싶다.

수녀로서의 나의 삶에는 우여곡절이 많았다. 너무 이른 나이에 병에 걸렸고, 병원에 입원해야 했기에 자주 자리를 비워 수녀의 직무를 수행하지 못하기도 했다. 그래서 나는 나를 책임지는 분들의 동의를 얻어 파리 교외 셸로 떠났다. 평신도와 수녀들로 구성된 자매회를 설립하기 위해서였다.

나는 인생에서 한 번도 줄이 똑바로 맞춰진 열에 있던 적이 없었다. 그래도 어떠한 후회도 없다. 이야말로 수녀 공동체의 진짜 삶이다. 우리는 스스로를 위해 이 길을 선택한 것이 아니다. 삶의 이상향과 같은 약속을 선택하는 것이다. 당연히 약간의 불화도 있다. 마치 실제 가족 간에 일어나는 일과 같다. 수녀들도 평범한 여성이다. 이것이 내게 안도감을 느끼게 해 준다.

내 새로운 삶은 가톨릭교회에서 기적을 인정해 주면서 시작되었다. 나는 어느 정도 명성을 얻게 되었고, 신자는 물론 그리스도를 알지 못하는 사람들에게 그리스도의 메시지와 복음을 전할 수 있게 되었다.

사람들과 우연히 마주하고 나면, 그들은 마지막에 어김없이 기념사진을 찍어 달라는 부탁을 한다. 나는 사진 찍히는 것을 싫어하지만 그들의 요청에 따랐다. 누군가 이렇게 말했다.

"이 사진이 제게 행운을 가져다줄 거예요."

내가 행운의 마스코트라니. 그들의 의견을 존중하긴 했지만 그렇게 생각하지는 않았다. 내게 마법의 힘이 있는 것도 아니었다. 나는 더 이상 내 것이 아니었다. 이미 나의 모든 것을 주님께 바쳤다. 누군가 나에게 이렇게 소리쳤다.

"그 사진을 콩고에 보냈어요."

이 사진이 콩고로 간다고 내가 무엇을 할 수 있을까. 이 사진은 북극으로 갈 수도 있고, 그렇게 되어도 내 마음이 불편하지는 않을 것이다. 단, 조건이 있다. 이 사진이 좋은 영향을 주고 신앙을 굳건하게 해 줄 수 있어야 한다는 조건. 나의 미천하고 덧없는 영광을 위한 것이 아니라는 조건. 내가 사람들에게 알려진 것은 하느님의 은총 덕분이다. 나는 알려지는 것을 원하지 않았다. 나는 주님을 위해 이 상황에 순종한다.

또 한 가지 놀라웠던 점은 사람들이 나를 만져 보고 싶어 했다는 것이다. 어떤 사람들은 마치 내게서 특별한 힘이 나오기라도 하듯 내 몸에 닿고 싶어 했다. 하지만 나는 그 무엇에도, 그 누구에게도 줄 수 있는 힘이 전혀 없다. 사람들은 하느님의 은총이 내 몸에 닿았음을 알았다. 만지는 행동은 안정감을 불러일으키는 방법이다. 그리스도 신앙은 육체와 떨어진 신앙이 아니며 감정까지 가닿는 신앙이다. 사람들의 이 행동은 대중의 신앙심에서 비롯된 것이었다. 내 힘이 발산되는지 확인해 보겠다는 미신이 아니다.

그리스도는 병을 낫게 하기 위해 환자들을 만져 주신다. 프란치스코 교황님도 우리가 가난한 사람들을 도와줄 때 동전이나 지폐를 던져주기만 하지 말고 그들과 직접 맞닿아야 한다고 수없이 강조하셨다. 신체적 치유를 경험한 나는 우리 몸이 신앙에서 어떤 위치를 차지하는지 깊이 생각하게 되었다. 영성은 우리가 우리 몸의 조정 작용을 초월할 수 있게 도와준다. 하지만 건강하지 않은 영성이 구현되는 법은 없다. 나의 치유는 저 위에 있는 하늘이 저 아래에 있는 미천한 종에게 내려오셨던 것이 아니라 개개인 안에, 자연 속에 언제나 늘 현존해 계시는 창조주가 생명력을 불어넣으셨던 것이다. 그분은 내 안의 병을 정복하셨고, 내 몸의 복잡한 세포들 중에서도 가장 안쪽에 있는 죽음의 세력을 물리치셨다. 어떻게, 왜 이런 일이 일어났는지는 나도 모른다.

이 새로운 변화가 일어난 후부터 수없이 나를 괴롭혔던 것이 있다. 나는 병이 고쳐진 사람이지, 병을 고치는 사람은 아니다. 이 점은 분명히 말하고 싶다. 더 나아가, 나는 미래를 내다보는 사람도 아니다. 그런데 종종 사람들은 내게 직접 아픈 사람들을 낫게 해 보라고 요구한다. 나는 그럴 힘이 없다. 사람들이 나에게 이런 요청을 해도 나는 굳건히 내 위치를 지킨다. 나는 그들의 치유를 위해서 기도하러 간다. 나는 성령 쇄신 모임의 치유 기도회에 참석했던 적이 있었다. 우리는 아픈 사람에게 손을 올려놓고 안수 기도를 하며, 그를 고통스럽게 하는 병을 낫게 해 달라고 하느님께 기도드린다. 이 기도가 효과가 있는지 없는지는 모르겠지만, 내가 치유를 빌었던 사람들은 슬프게도 현재 이 세상을 떠났다. 그러니 나에게는 치유의 힘이 없으며 앞으로도 그럴 것이다. 치유는 오로지 하느님만 하실 수 있다.

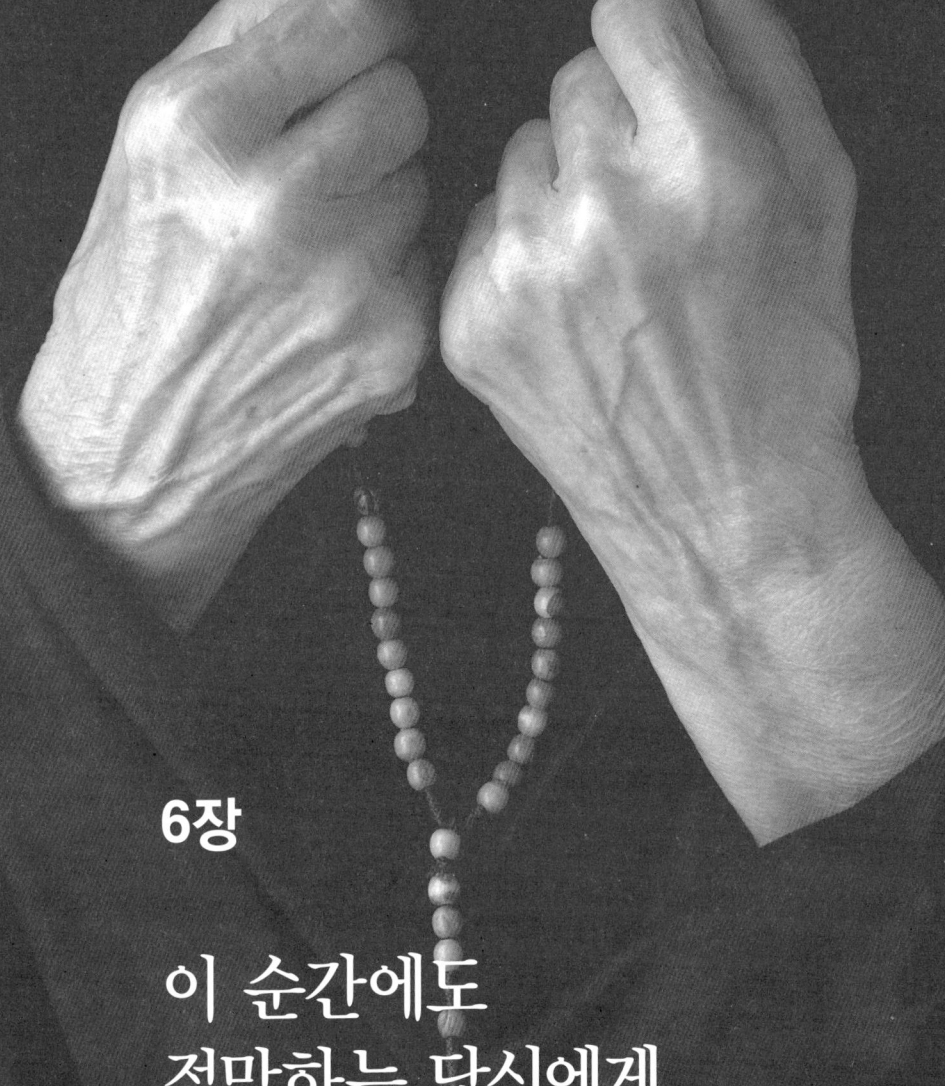

6장

이 순간에도
절망하는 당신에게

하느님은 우리를 불신해 천국 문을 걸어 잠그거나 반만 열어 주며 커다란 장부에 우리 죄를 낱낱이 기록하는 기록자가 아니시다. 하느님을 다른 말로 표현해도 된다면 나는 하느님이 세탁소 주인이라고 생각한다. 그분은 우리의 악랄함, 파렴치함, 옹졸함을 우리에게서 씻어 주신다. 그것도 돈 한 푼 받지 않고 완벽하게 말이다. 그분은 아무 대가도 바라지 않으시고 순식간에 우리를 용서해 주신다. 그분은 오직 우리가 죄를 인정하고, 그분의 자녀임을 받아들이며, 그분을 아버지로 인정하기만을 원하신다. 폭군의 지배에 복종하는 것이 아니라, 그분의 사랑 안에서 헤엄치고 나아가라는 것이다. 하느님은 우리와 채무자와 채

권자의 관계가 아닌 우리에게 선물과 은사를 주는 관계를 맺으신 것이다.

사실 나의 치유라는 극적인 사건 뒤에는 별다른 게 없다. 나의 치유는 창조주가 자신의 피조물을 열렬히 사랑한다는 신호다. 그분은 사람에게 "예." 혹은 "아니요."라고 대답할 자유를 주시며 사람을 존중하신다.

2008년 7월 11일에 나에게 오신 분은 앙갚음을 하는 하느님도, 뒤에서 조종하는 하느님도 아니셨다. 내게 오신 하느님은 진심 어린 숨결이었다. 고쳐 주고 재창조해 주려는 숨결, 다정하고 사랑을 주려는 숨결, 안타까워하고 도움을 주려는 숨결이었다. 위대하면서도 겸손하고, 사랑 안에서 전능하며, 무엇보다 믿을 수 있는 숨결이었다. 예수님의 얼굴로 나타난 하느님이 우리에게 기대하시는 것은 오로지 "예."라는 말이다. 그분은 우리를 덫에 가두시려는 것이 아니라 자유롭게 해 주시려는 것이다.

하느님을 향한 나의 대답은 "예."였다. 그것도 오래전 내가 아이였을 때였다. 나는 어른이 되자 수녀가 되어 그분과 '결혼'했다. 그분에게 내 삶을 맡겼다. 내면에서 '나에게 모든 것을 맡겨라.'라는 말이 자주 들렸다. 하느님이 말씀하시는 일은 흔치 않다. 그분은 자신의 말을 귀 기울여 듣는 사람에게만 말씀하신다. 하느님은 우리가 마음을 터놓고 기도드릴 때, 침묵 속에서 말씀하신다.

종교인이 되는 것만이 하느님을 향해 긍정적으로 답하는 유일한 길은 아니다. 하느님을 찾고, 만나고, 발견하는 길은 수없이 많다. 수녀는 자신을 하루 종일 바칠 수 있다. 수녀의 삶을 산 지 수년이 지났다. 사도직 업무도 해 보았고, 환자들도 돌보았으며, 클라라 수녀회에서 관상 생활도 경험해 보았고, 만성 질환을 앓는 환자의 삶도 살았다. 그러나 나는 아직도 사람들에게 해 줄 조언이 없다.

앞으로 나아가면 나아갈수록 신앙은 점점 민낯을 드러낸다. 하느님에 관해서는 나는 아직도 초급반 학생이다. 내가 앞으로 나아갈수록 하느님을 추구하는 일을 절대로 완수할 수 없을 거라는 느낌이 든다. 일생의 과업, 아니, 일생으로도 부족하다. 영생, 나는 영생을 굳게 믿는다. 나는 지금도, 그리고 앞으로도 언제나 하느님을 탐구할 것이다.

나는 마더 데레사 성녀가 기나긴 신앙의 암흑기를 보냈음을 알았을 때 놀랐다. 솔직히 나는 그런 적은 없었다. 하느님의 존재를 의심한 적은 없었지만, 깊은 구렁 속에 빠졌을 때는 하느님의 현존을 의심하긴 했다. 모든 것이 나를 적대하는 듯 느껴질 때 다 포기하고 싶거나 모든 것이 이유도 없이 싫어지는 감정도 경험했다.

"주님, 어디에 계십니까?"

짧게 지나가는 피로감은 아니었다. 이 정도까지 장애를 안고, 통증을 느끼며 살아야 한다는 데서 오는 자포자기와도 같았다. 여기서 이런 고백을 해도 될지 모르겠지만 나는 자살을 생각한 적도 있었다. 그 정도로 힘들었다. 그러나 결코 행동에 옮기지는 않았다. 힘든 삶이라도 하느님이 주신 삶이므로 내 의지로 그 생의 끝을 결정하려는 생각은 절대 하지 않았다. 그러나 나도 유혹을 받은 것이다. 나는 진실하기 위해서, 신앙은 마법이 아니라 은총이라는 것을 보여 주기 위해서 유혹을 받았던 적이 있음을 인정한다. 중환자나 가혹한 삶에 직면한 사람들 앞에 서면 나는 예전에 느꼈던 마음의 동요와 이 상황이 너무하다는 느낌을 받는다.

'왜 이런 시련을 주십니까? 주님, 왜 그들입니까?'

나는 자신의 삶을 마치 병석에 누운 환자들처럼 하루하루 무의미하게 보내거나, 사회에서도 그렇게 여겨지는 사람들을 진심으로 이해한다. 나는 그들에게 이렇게 말하고 싶다.

"앞을 잘 보세요. 당신이 걱정할 때, 실망할 때, 심각한 문제를 겪을 때, 그 안에는 당신을 더 나은 길로 이끌어 줄 아름다운 진주가 있을 겁니다. 이 역시 여러분의 일부예요. 자신을 과소평가하지 마세요. 걱정한 대로 되지 않을 겁니다. 아름다움이라는 내면의 그 작은 씨앗이 지지대가 되어 당신을 아직 가라앉지 않게 해 주었잖아요. 이제 그 씨앗은 구덩이 밖으로 위대한 첫발을 내딛을 수 있도록 도와줄 겁니다. 길의 시작점은 분명히 어디에든 있습니다. 절대로 절망하지 마세요."

이제는 사람들이 절망적인 상황에 놓였다고 토로할 때면, 나는 비극과 암흑이 가득한 중에서도 작은 틈 사이로 작게나마 존재하는 빛을 보려고 노력한다. 한 줄기라도 빛은 존재한다. 이 빛을 찾고, 빛을 가린 회색 먼지를 치워야 한다.

이 모든 것을 말로만 하기는 쉽다. 그러나 우리에게는 행할 수 있는 한 가지가 더 있다. 바로 기도다. 나는 자신의 짐에 짓눌린 사람을 위해 기도한다. 주님께 그를 소개한다. 그를 위로하고, 그의 짐을 덜어 달라고 하느님께 청한다. '긍정적인 생각'이 아니다. 이것은 기도다. 나는 성모님을 통해 예수님께 간청한다. 나는 예수님이 모든 고통에 관심을 기울이심을 안다. 온화함 그 자체인 성모님은 가장 절망적인 상황을 달래 주고 나아지게 해 주신다. 나는 그렇게 믿는다.

나는 치유되면서 도움이 되는 존재가 되었다. 그런데 이렇게 되자 깨달은 것이 있다. 삶의 진정한 가치는 행동력이나 생산력에 있지 않음을 이해하게 된 것이다. 초라하거나 장애를 가진 삶이라도 살아 있으므로 승리한 것이며, 병으로 몸이 망가졌다 해도 삶은 피조물을 위해 찬미의 노래를 불러 준다.

우리는 여기서 아름답고 단순한 마음의 법칙을 재발견한다. 이 법칙은 하느님의 진정한 법칙이다. 24세에 세상을 뜬 내 동생 모니크 수녀는 내게 이 길을 보여 주었다. 모니크는 내 길 위에 비친 한 줄기 빛이었다. 다혈질이고 말보다 행동이 먼저였던 나를 더 성장하게 해 주었다. 모니크는 이렇게 말했다.

"수녀님은 행동을 우선시하다가 수녀님 자신을 잃어버리고 말 거예요. 본질은 한쪽에 밀어내고요."

모니크가 옳았다. 본질? 본질은 우리가 사회에서 유용한지 그렇지 않은지 여부에 있지 않다. 우리 존재 자체가 본질이다.

평범하지 않은 경험을 하면서 나는 또 다른 변화를 겪게 되었다. 성격이 급한 편인 나는 장애를 가진 뒤로 느긋해졌고, 심지어 진득하게 한자리에 머무르게 되었다. 40년이 넘는 투병 생활이 나를 진정시킨 것이다. 그러나 누군가는 이렇게 말할지도 모른다.

"아주 좋은 말씀입니다, 수녀님. 우리는 수녀님 말씀에 전혀 반대하지 않아요. 수녀님을 존경하니 다 헛소리라고 말하지는 않겠습니다. 하지만 우리는 하느님을 믿지 않아요! 솔직히 수녀님들의 이야기도 믿을 수 없네요."

아마 신심이 깊은 수녀들이라 하더라도 믿을 수 없는 일 앞에서는 분명 마음속으로 불신을 가질 거라고 생각한다. 기적? 믿을 수 없다. 예수님의 공생활 중에도, 그분의 제자들은 가장 좋은 자리에서 눈앞에 계신 그분을 명백히 보았음에도 믿지 못하기도 했다. 나의 수호성인인 루르드의 베르나데트 성녀는 성모 발현 이후 질문 공세를 받을 때마다 변함없이 이렇게 대답했다.

"저는 이것을 믿게 할 책임이 없습니다. 단지 이야기해야 할 의무만 있을 뿐입니다."

나는 이 말을 진지하게 받아들인다. 나는 누군가를 설득하기 위해서가 아니라, 나에게 일어났던 경이로운 경험담을 말하기 위해서 이 글을 쓴다. 내가 무엇인가를 바라고 이 일을 말하려는 것일까? 아니다. 나는 아무것도 바라지 않는다. 어떻게 내가 "저는, 기적을 입은 사람으로서 당신들에게 말합니다."라면서 오만한 입장을 취할 수 있을까? 나는 많은 사람들의 요청을 받아들였고, 우리 교구의 주교와 장상 수녀도 경험담을 이야기하는 데 동의했기 때문에 이 글을 쓴다. 나는 내게 일어난 일이 아직도 어리둥절하다. 매일 아침이 기적이다. 나도 어떻게 이 일이 일어났는지 궁금하다. 그렇지만 알 수 없는 이유와 논리를 찾기보다는 그저 내가 겪은 일, 내가 깊게 믿는 것을 이야기하는 것이다.

나는 미치지 않았고, 아무것도 꾸며 내지 않았다. 나는 신앙을 가지고 있으며, 아무것도 감추지 않았다. 의사들은 내가 치유되었다고 인정했다. 교회는 기적이라고 인정했다. 내가 그 증인이다. 동료 수녀들은 자주 나에게 이렇게 말하며 농담을 한다.

"수녀님은 몸으로도 복음화를 실천하시네요!"

그렇다, 나는 하느님께 열정적으로 빠져 있다. 예수님을 사랑하고 성모님을 공경한다. 나는 우리 어머니를 사랑하듯 교회를 사랑한다. 나는 신중하고 겸손한 우리 수녀회를 사랑한다. 게다가 나는 특별 사면까지 받은 셈 아닌가. 무기 징역이나 사형을 선고받았던 나는 아무 조건도, 몸값도 없이 갑자기 석방되었다. 감옥에서 빠져나왔다. 내가 어떻게 입을 다물 수 있겠는가?

지붕 위에 올라가서 이 이야기를 큰 소리로 외치는 것과, 사람들을 모아 그들의 마음을 변하게 하는 일은 다르다. 그것은 내 일이 아니다. 마음에 말을 거는 것은 예수님의 일이다. 이를 믿지 않는다고 하더라도 인간의 영을 방문하고, 빛을 밝히며, 하느님이 행하신 기적을 사람들이 보게 하는 것은 성령의 일이다. 어쩌면 이제 사람들을 교회에 끌고 들어가는 일밖에 남은 것이 없을지 모른다. 그러나 그런 시절은 예전에는 존재했더라도 지금은 끝났다. 내가 그리스도인이자 수녀로서의 나의 책임을 털어 버리려는 것은 아니다. 나는 내 책임을 제 위치에서 수행한다. 베네딕토 16세 교황님은 그리스도교란 징집이 아닌 가입의 종교라고 말했다. 가입한다는 것은 개개인이 자유롭게 선택한다는 의미다. 신앙의 신비가 살아 있는 곳으로 스스로 들어가는 것이다. 곧 80세가 되는 나에게도 신앙은 아직 신비롭다. 가장 아름다우면서도 여전히 신비롭다. 이 신비를 발견하고 맛보는 데는 끝이 없다.

그러므로 믿지 않는 당신에게, 이 글을 읽는 나의 형제자매에게 나는 이렇게 말하고 싶다. 내가 구체적인 형체를 보여 줄 수는 없지만 신앙이 부족하거나, 신앙이 없는 사람들이 하는 질문에 해 줄 수 있는 최선의 답은 내 말이 아니라 내 삶이다. 그리고 이 답을 전달할 최선의 방법은 함께 걸어가는 것, 즉 살아가며 당신과 동행하는 것이다. 당신은 하루하루 사소한 일들을 경험하며 당신이 지닌 결점에도 불구하고 하느님이 당신 안에 진정한 무언가를 심어 주셨다는 것을 알게 될 것이다. 하느님은 자신의 삶을 내어 맡기기 위해 그분을 충분히 알아 가려 하는 모든 이들에게 진정한 무언가를 주신다. 나의 동료 수녀들은 물론이거니와, 가장 평범한 평신도부터 교황님에게 이르기까지 교회를 구성하는 모든 사람들에게도 마찬가지다. 우리는 그리스도의 짐꾼이 되기를 희망한다. 우리가 그토록 사랑하는 그리스도를 우리 스스로 가끔씩 왜곡하더라도 말이다. 물론 그런 일이 항상 있지는 않다.

루르드에서 내 안에 있는 강한 무언가를 느끼고, 모든 것을 맡기라는 그리스도의 부르심을 들은 것은 성체 행렬을 하며 성광을 든 주교가 성체 강복을 해 주었을 때였다. 2008년 7월 11일 오후 5시 45분경, 나를 진정시켜 준 치유의 온기를 느낀 때는 우리 경당에서 성체를 앞에 두고 기도할 때였다. 기도 생활과 사회의 심장으로 뛰어드는 생활을 병행하는 우리 사도직 수도회 수녀들에게 성체는 영감과 생명의 원천이자 행동할 수 있는 힘의 원천이다.

나는 생활 속에서, 또 우리 수녀 공동체 안에서 믿음, 소망, 사랑의 훌륭한 본보기를 보여 주는 그리스도인들을 수없이 마주쳤다. 기도를 하고, 하느님과 다른 사람을 사랑하는 사람들.

신성함의 겉모습은 대부분 화려하지는 않지만 우리 생각보다 많이 퍼져 있다.

이 신성함을 이룩하시는 분은 다름 아닌 하느님이다. 프란치스코 교황님은 신성함을 아주 아름답게 표현했다. 평범한 신성함. 나는 평범한 신성함이 존재한다고 확신한다. 많은 환자들이나, 그들의 부모들을 통해 신성함이 줄지어 나오는 것을 보았기 때문이다.

이렇게 세상을 바로 세우는 것들을 왜 우리는 이렇게까지 구석에 놓아두는지 나는 가끔 궁금했다. 하느님의 사랑, 그리고 뒤이어 오신 분의 사랑! 이것 없이는 모든 것이 무너진다. 그러므로 절망하는 당신에게 조금이라도 고개를 들라고, 아니면 그저 조금만 위를 바라보라고 권하고 싶다. 사랑은 모든 것을 할 수 있다. 제자리걸음을 하는 것처럼 느껴진다면, 주님을 향해 시선을 위로 올려 보자.

내가 정말 좋아하는 시편 몇 줄을 들려주고 싶다. 시편 40장이다. 이 구절은 희망의 시편이라고 부를 수 있을 것이다.

주님께 바라고 바랐더니 나에게 몸을 굽히시고
내 외치는 소리를 들으시어

나를 멸망의 구덩이에서, 오물 진창에서 들어 올리셨네.

반석 위에 내 발을 세우시고 내 발걸음을 든든하게 하셨네.

내 입에 새로운 노래를,

우리 하느님께 드리는 찬양을 담아 주셨네.

많은 이들은 보고 두려워하며 주님을 신뢰하여라.

행복하여라, 주님께 신뢰를 두며

오만한 자들과 거짓된 변절자들에게 돌아서지 않는 사람!

주 저의 하느님 당신께서는 저희를 위하여

기적과 계획들을 많이도 행하셨으니

그 누구도 당신께 견줄 수 없습니다.

제가 알리고 말하려 해도 헤아리기에는

그것들이 너무나 많습니다.

주님, 당신께서는 제게 당신의 자비를 거절하지 않으시니

당신의 자애와 진실이 항상 저를 지켜 주리이다.

나는 가련하고 불쌍하지만 주님께서 나를 생각해 주시네.

저의 도움, 저의 구원은 당신이시니

저의 하느님, 지체하지 마소서(시편 40,1-18 참조).

이것이 우리의 믿음이자 희망이다! 수천 년을 이어 온 성경의

구절보다 더 나은 설명이 과연 있을까.

이번에 우리 수녀회의 영성 중에 내가 새롭게 알게 된 것이 있다. 나에게는 더욱 각별하게 다가왔다. 수녀회 창립자인 십자가의 마리 데레사 수녀도 투병 생활을 했다고 한다. 그리고 두 차례나 치유를 경험했다고 한다! 첫 번째는 1848년 8월 1일이었다. 그녀가 끈기 있게 9일 기도를 수차례 하니 기도가 이루어져 성체성사 중에 치유가 되었다고 한다. 그때 수녀의 삶을 살라는 부르심을 들었다고 한다. 그리고 1872년에는 프랑스 사르트에 있는 노트르담 뒤 센 성당에서 미사 도중 성체성사 때 또 치유되었다. 치유가 흔한 일은 아니지만 가톨릭교회에서는 일어나기도 하는 일이다.

마리 데레사 수녀는 성모님께 기도를 많이 드렸다. '희망의 성모 마리아에게 간청하며 자신의 소명에 대한 고민을 털어놓았다. 마리 데레사 수녀는 주교에게 '희망의 성모 마리아' 성상을 축성해 달라 했고 그 성상은 지금도 우리 낭트 수녀회 본원 경당에 있다. 나는 '희망의 성모 마리아'를 사랑한다. 희망은 삶의 많은 것을 내포한다. 믿음이 흔들릴 때 믿음에 활기를, 사랑에 힘을 북돋아 준다는 의미를 담고 있다.

'희망의 성모 마리아님, 괴로움에 **빠진** 사람, 괴로움의 이유를 더 이상 받아들이지 못하거나 자신의 짐에 짓눌린 모든 사람들을 위해 기도해 주세요. 그들에게 삶의 한 줄기 빛을 다시 비추시고, 이겨 내고 나아갈 수 있는 힘을 다시 주세요.'

나는 내 의지와는 달리 무대 전면에 등장하게 되었다. 나는 하느님께 영광을 돌리기 위해 내가 누구인지를 말하고자 했다. 하지만 인간의 신비는 몇 쪽으로 요약되지 않는다. 오직 주님만이 각자의 진정한 가치를 아신다. 내가 아는 것은 내가 어디에서 왔는지, 또 어디로 가는지다. 나는 죽은 후에 나의 창조주와 대면하기를 진심으로 희망한다.

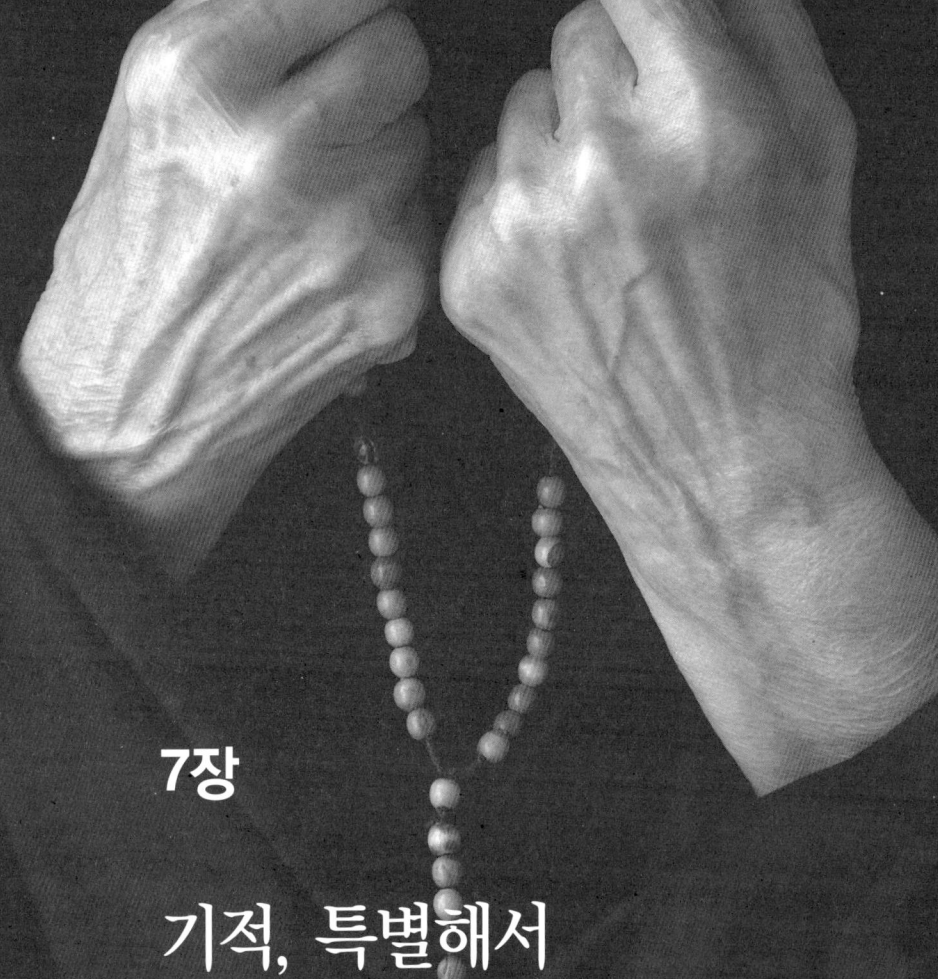

7장

기적, 특별해서 주어진 것이 아닙니다

"왜 나에게 기적이 일어났을까?"

나는 이 질문을 스스로에게 하며 고심했고, 묵상했으며, 기도했다. 나는 한 가정의 어머니이자 암 투병 중인 젊은 여성의 편지를 받았다. 또 정신병을 앓아 일부 마비 증상까지 나타난 아들을 둔 어머니에게도 여러 통의 편지를 받았다. 그 어머니들의 편지는 내 마음을 움직였고, 나는 눈물을 흘리고야 말았다. 왜 그 젊은 여성이 아니고 나에게? 왜 그 아들이 아니고 나에게 기적이 일어난 걸까? 너무 일찍 백혈병을 앓게 된 어린아이가 아니고 왜 나였을까? 나는 스스로에게 계속 물었다. 69세의 장애를 가진 수녀. 지금은 열 살이나 더 나이가 든 수녀. 나보다 더 비극적인 경우들을 생각하면 내게 생긴 일이 부당하게 느껴졌다. 거기다 나는 자녀도 없다. 그런데 왜 나에게 그 일이 일어났을까? 나는 이 질문들 주변을 맴돌았다.

나는 절대로 '나'를 치유해 달라고 기도한 적이 없었다. 나를 하느님께 봉헌했고 대가를 바라지 않았다. 내 병, 악화되는 병세를 나를 기다리는 하느님이 주셨다고 여기며 살았다. 편하지는 않았지만 그분과 다른 이를 위한 희생의 한 부분이라고 생각했다. 다른 사람들을 위해서 더 좋은 것, 더 최선의 것을 요청하고 간청하기 위한 시간을 겪는다고 생각했다. 그래도 사실은 힘들고, 불안하고, 까다롭고, 굴욕적이고, 고통스럽기까지 했고 때로는 절망스러웠다. 하지만 의미 있기도 했다. 나의 병은 다른 사람들을 위한 것일지도 모른다는 의미가 있었다. 감히 말하자면 하느님을 위한다는 의미일 수도 있다. 나는 하느님이 나를 이 길로 데리고 오셨다는 확신이 들었다. 내가 환자들과 함께할 수 있도록 나를 환자가 되게 하셨다.

최악의 병은 대개 눈에 잘 보이지 않는 병이다. 여기에는 심리적인 병도 포함되어 있다. 당신도 이렇게 질문할 권리가 있다. "왜 수녀님은 기적을 받았는데 저는 못 받나요? 왜 제가 이 병으로 고통받아야 하죠? 왜 하느님은 제 기도를 들어주지 않으시는 건가요? 어떻게 온전히 자애로우시다는 하느님께서 극심한 고통과 은밀히 다가오는 병에서 눈을 감을 수 있나요?"

사람들을 실망시킬 수도 있겠지만, 마지막 질문 두 개는 뭐라고 답해야 할지 모르겠다. 거기에 답한다면 사람들을 속이는 것일 테다. 또 왜 기적을 받은 이가 나고 다른 이는 아니냐는 질문에도 할 말이 없다.

나는 이해하려고 애쓰지 않는 것이 하느님이 내게 바란 것임을 마침내 납득하게 되었다. 하느님의 논리를 간파하려는 시도는 그리스도 전통에서 말하는 영에 관한 죄를 범하는 것과 유사하다. 다시 말해 하느님의 결정을 의심하는 것이다. 그분이 틀렸다고 생각하는 것, 인간에게 오류를 범했다고 생각하는 것, 나의 창조주인 그분이 다른 사람을 선택했어야 했다고 생각하는 것, 즉 작은 피조물에 불과한 내 자신이 이것보다 그게 더 나았을 텐데, 라며 하느님보다 세상 이치를 더 잘 안다고 생각하는 것이다.

많은 사람들이 "그 수녀님은 치유될 만한 자격이 있었을 거야."라고 생각할지도 몰랐다. 그러나 나는 그런 생각에 신경 쓰지 않았다. 사람들은 나의 치유가 희생의 삶을 살아온 승리의 결과이며, 내가 희생 끝에 마침내 하느님의 마음을 감동시킬 수 있게 되었다고 본 것이다. 이 말은 다르게 말하면 좋지 않은 상황에 놓이거나 병에 걸린 사람들은 다 그럴 만한 사람이라고 여기게 될 수 있다. 심각한 오류다. 그릇된 생각이다. 하느님이 인간의 희생을 갈망한다고 생각하는 다른 세계 사람들의 생각이다. 하느님이 가끔씩 땅 쪽으로 몸을 굽혀 여기저기를 둘러보고는 가장 고생한 사람에게 모든 죄를 용서해 주신다는, 즉 대사를 부여하신다는 소리나 마찬가지다.

예수 그리스도의 하느님은 희생을 요구하는 하느님이 아니시다. 희생은 이미 예수님이 우리 모두를 위해 단 한 번 십자가 위에서 완수하셨다. 하느님의 마음에 들려면 이 땅에서 희생을 해야만 가능하다는 생각은 우리 선조들의 그리스도교 논리에 종지부를 찍는 정말 새로운 생각이다. 이 생각은 가톨릭교회의 교리가 아니다. 이기주의나 교만에 쉽게 젖어 드는 것을 막기 위해 전환의 길로 들어섰는데, 그 길 위에서 허락되는 것이 영적 희생과 고행이라는 것은 잘못된 개념이다. 그리고 또 하느님에 관한 그릇된 개념이 있다. 하느님은 앙갚음하는 분이자 못된 분이므로 우리는 지상에서 희생을 축적해야 한다는 것이다. 시편은 "하느님께 맞갖은 제물은 부서진 영"(시편 51,19)이라고 말한다. 이 말이 의미하는 바는 하느님은 고통받는 사람들 가까이에 계시며, 그들에게 도움을 주러 오기 위해 모든 것을 하신다는 뜻이다. 하느님이 우리의 희생을 먹고 살아야만 하는 하느님이라는 그릇된 생각과는 정반대의 내용이다. 내가 은총을 받아 치유된 것은 무슨 '자격'과는 전혀 상관이 없다. 나의 치유는 하느님이 무상으로 베풀어 주셨으며, 그분의 무한한 관대함에서 비롯되었다.

'왜 나에게 기적이 일어났을까?'라는 질문을 놓고 묵상하며, 나는 그릇된 생각이 드는 것을 떨쳐 버리려고 자신을 돌아보았다. 원망이라는 실마리가 잡혔다. 원망은 교묘한 감정이다. 우리 내면에 깊이 주름진 곳으로 슬쩍 미끄러져 들어오는 감정이다. 원망은 중독성이 있다. 그것도 매우. 나는 치유되어 은총으로 충만했고 행복했지만 여기에는 옥의 티가 있었다. 다름 아닌 '왜 나였을까?'라는 질문이었다.

'왜 이 남자, 아니면 저 여자는 아니었나요?'

다 나았다는 기쁨 속에 있었지만 마음속으로는 이해가 안 된다는 생각이 꿈틀댔다. 기도 중에 하느님께 따지기도 했다.

'왜 저였나요? 주님, 부당합니다. 제 주변에 치유가 필요한 수많은 사람들이 있지 않습니까?'

더 이상 나의 치유를 바라면서 살아가지 않고 하느님과 다른 사람들을 위해 살아가기로 했던 수녀로서 하느님이 나를 낫게 해 주심을 불평한 것이었다. 그뿐이었다. 그렇게 과격하게 따진 것은 아니었다. 하느님께 화를 낸 것도 아니었다. 내가 어떻게 그럴 수 있겠는가? 그저 아주 소심하고 작은 불평이었다. 그러나 이 부정적인 감정은 믿을 수 없을 만큼 깨끗하게 건강을 회복시켜 주신 창조주에게 느끼는 나의 기쁨과 온전한 감사의 마음을 통증도, 흔적도 없이 조용히 갉아먹고 있었다.

이것도 영에 대한 죄였다. 나쁜 것을 좋은 것 안으로 밀어넣는 암세포처럼 이 감정은 아주 교묘하고 교활했다. 원망은 이름을 숨긴 채 은밀히 자신의 업무를 완수했다. 이러한 원망은 우리가 드리는 감사 행위를 녹슬게 한다. 하느님께 드리는 '감사함'은 다른 사람을 무시하는 것도, 지붕 위에 올라가 승리를 외치는 것도 아니다. 하느님이 나를 통해 이루고자 하신 뜻을 받아들이는 것이다. 서랍 깊숙이 넣어 둔 것을 끄집어내어 하느님과 담판을 짓는 것도, 비난의 화살을 던지는 것도 아니다.

"말씀하신 대로 저에게 이루어지기를 바랍니다."(루카 1,38)

루카 복음서에는 구세주의 탄생을 예고하러 온 천사가 마리아에게 "두려워하지 마라, 마리아야. 너는 하느님의 총애를 받았다."(루카 1,30)라고 말하자 마리아가 이렇게 말했다고 나온다. 나는 성모님이 아니고, 나를 그분처럼 간주하는 것도 아니다. 그러나 성모님은 항상 내 안에 사신다. 비록 내 그릇은 작을지언정, 나는 자신을 봉헌했던 그분을 본받으려고 노력한다. 하느님과는 토론을 하는 게 아니다.

받아들이기. 아마도 이 단어가 "왜 나에게 기적이 일어났을까?"라는 질문에 답이 될 수 있을 것이다. 다른 생각은 하지 말고 하느님께 "예."라고 말하며 받아들이기. 어떤 원망도 하지 말고 하느님께 "감사합니다."라고 말하며 받아들이기. 이는 무조건 복종하는 것이 아니라 온전한 감사를 드리는 것이다. 부정적이고, 소심하며, 두려워하고, 굴복하는 것이 복종이라면, 감사는 긍정적이며, 행복하고, 충만하고, 내어 주며, 신뢰하는 것이다.

이제 "왜 나에게 기적이 일어났을까?"라는 수수께끼 같은 질문에 답을 규정하는 길로 접어들었다. 하느님이 우리에게 주신 선물에 질문을 던지지 않기. 하느님의 선물을 문제 삼는 일은 더더욱 하지 않기. 있는 그대로 선물로 받아들이기. 무엇보다 은사로 받아들이기. 이 선물은 당사자를 위한 것이기도 하지만, 그보다 더 당사자가 받은 은총을 우리 주변에 전파하라고 주신 것이다.

하느님께 인색하게 굴지 말자. 예를 들어 "네, 아시다시피 제가 이 은총을 받긴 했는데요. 저보다는 다른 사람들한테 더 자격이 있거든요. 하느님이 번지수를 잘못 찾으신 거 같네요."라고 말한다면 정말 어림없는 소리다! 이렇게 말하지 말고, 하느님께 온전한 감사를 드리자.

"감사합니다, 주님. 생명을 되돌려주셔서 감사합니다. 주님은 저를 재창조하셨습니다. 저는 주님을 찬양하고, 주님이 제게 주신 기적을 외치면서 이 땅에서의 여생을 보내겠습니다."

이렇게 온전하게 감사를 드린다고 해서 다른 사람의 고통과 불행을 잊은 것이 아니다. 내가 어떻게 그럴 수 있겠는가? 나는 42년간의 고통과 괴로움에서 빠져나왔다. 은총은 하느님의 징표다. 우리 모두를 향한 그분의 사랑을 보여 주는, 눈에 보이는 표시다.

또한 이는 신이 세상에 개입했다는 표시다. "왜 나에게 기적이 일어났을까?"라는 질문의 대답을 이렇게 할 수도 있을 것이다. 하느님의 너그러움을 보여 주는 약하지만 명확한 징표라고. 그분은 소소한 행동과 치유를 통해 말하기를 좋아하신다. 성경에는 이러한 기적이 가득하다! 이 표징은 대단히 효율적이다. 우리 모두 은총을 받았다는 것, 자신도 모르게 하느님의 선물을 가득 받았다는 것을 개개인에게 상기시켜 주기 때문이다.

또한 이 표징은 우리가 낙관주의라는 선입견의 안경을 쓰고 세상을 바라보지 않게 도와준다. 낙관주의는 불행과 고통의 블랙홀을 잊게 할 수 있다. 하지만 현실에는 어둠이나 밝음 한쪽만 존재하지 않고 다양한 것이 혼재한다. 이 표징은 우리가 이 모든 것을 한 번에 담을 수 있도록, 커다란 렌즈로 세상을 보게 해 준다. 그리하여 이를 통해 우리가 그리스도와 함께 선을 추구하고 악에 투쟁하게 해 준다. 예수님은 가라지에 비유해 설명하셨다. 같은 밭에 뿌려진 '좋은 씨와 가라지'(마태 13,24-43 참조)에 관해 말씀하시면서 선과 악을 가르는 것은 인간이 아니라 하느님 아버지라고 하셨다.

우리가 이런 넓은 시각을 갖지 않는다면, 세상은 점점 나쁘게 돌아가며 좋은 일은 전혀 일어나지 않는다고 생각하게 될 것이다. 그러나 마음의 시선으로 표징을 보도록 하면서, 전체 속에서 사물을 관찰한다면 우울함은 지워지고 시각은 명확해질 것이다. 겉모습이 흉하고, 잘 달라붙는 싹일수록 가장 아름다운 꽃을 피운다. 그 표징이 강하든, 약하든 하느님의 표징이 우리 삶에서 지닌 힘은 바로 이것이다.

즉 가톨릭교회의 기적은 하느님이 세상에 보내시는 표징이다. 누구에게는 강하고, 누구에게는 약한 표징이다. 나에게는 은총의 작은 싹이었다. 교회는 그 어떤 경우에도 '왜'인지 궁금해하지 않는다. 교회는 그것의 진정성을 확인한다. 교회는 기적에서 하느님의 언어를 가려낸다. 우리가 하느님의 은총을 환영할 수 있도록 도와준다. 하느님은 딴 생각은 하지 않고, 대가도 바라지 않은 채 우리에게 내어 주시므로 이것은 하느님의 은사다. 하느님은 자신이 오고 있음을 알리기 위해 요란한 호위대를 데리고 다니지 않으신다. 하느님은 겸손함, 신중함, 사소한 것으로 표현하신다. 사소함도 위대함이 될 수 있다. 그분은 언제나 사소한 것에서 시작하신다. 성탄절 구유를 봐도 그렇지 않은가.

"왜 나에게 기적이 일어났을까?"라는 질문에 두 번째로 답한다. '나'에 대한 질문. 과연 엄청난 특권을 누리도록 내가 선택받고 뽑힌 것일까?

나를 예언자나 하느님의 선택을 받은 자라고 생각하는 것은 이와 거리가 먼 이야기다. 나는 보베에서 멀지 않은 피카르디 브렐의 잘 알려지지 않은 소박한 수녀원에서 사는 프란치스코회 수녀다. 내가 정상의 자리에 있다고 말할 이유는 없다! 이 질문에 답하기에는 내 위치가 적합하지 않다. 더구나 이 질문에는 마땅히 대답할 말도 없다.

하지만 내가 루르드의 기적을 입었다고 인정받은 70번째 사람이며, 2008년 7월 11일 하느님의 손길이 아주 구체적으로 나에게 닿았음은 부정할 수 없다.

하느님은 갈림길에 서 있을 때, 좁은 길이나 수풀로 뒤덮인 길을 선호하신다. 구약성경이든, 복음서와 베드로의 서간이 있는 신약성경이든 성경을 찾아봐도 하느님은 메시지를 전달하는 예언자로 강자, 권력자, 슈퍼맨 같은 이는 선택하시지 않는다.

나는 사랑하는 성모님을 한 번 더 이야기하고 싶다. 1944년 폭격이 내리치던 노르 지역에서 가족과 함께 숨은 나는 어머니의 무릎에 앉아 '성모송'을 바치며 말하는 것을 배웠다. 성모님은 나에게 두 번째 어머니시다. 하늘나라에 계신 우리 어머니시다. 나는 항상 성모님께 기도드린다. 나는 그분에게 무엇이든 청할 수 있음을 안다. 성모님은 나를 분명히 예수님께로 인도해 주신다. 나는 성모님께 기도드리고 성모님을 따른다. 성모님을 본보기 삼아 그분처럼 행동하려고 노력한다.

그리스도교 역사상 특별한 은총을 받은 것은 내가 처음이 아니다. 은총은 큰 비가 내리듯 매일 세상에 내리고 있다. 은총은 대개 눈으로 볼 수 없지만, 특별한 것이 아니라 평범한 것이다. 단지 우리가 그것을 눈으로 볼 수 없을 뿐이다. 우리가 은총을 식별해 낼 줄 모르지만, 은총은 풍부하다. 나는 특별한 사람이 아니다. 그 어떤 경우에도 특별하지 않다.

이와 관련해서는 나 역시 겨우 조금만 이해할 뿐이다. 하지만 이것이 맞다고 말할 수 있다. 성모님도 예수님의 섭리를 언제나 이해한 것은 아니지만 계속 앞으로 나아가셨다. 나는 그런 성모님을 본받으려고 한다. 성모님은 그분을 신뢰하셨다. 나는 예수님과 성모님을 신뢰하고 살아왔으며, 앞으로 더 굳게 믿을 것이다. 나는 이 치유 안에 예수님과 성모님이 현존하심을 안다. 내가 선택받은 건지 아니면 뽑힌 건지 알고 싶지 않다. 아무 의미 없는 일이다. 그러다가는 결국 교만에 가득 차 허무함을 느끼게 될 것이다. 그렇게 되면 나의 경험담은 바오로 사도의 말처럼 아무것도 아닐 것이다. 바오로 사도의 경고는 상당히 명확하다.

"내가 인간의 여러 언어와 천사의 언어로 말한다 하여도 나에게 사랑이 없으면 나는 요란한 징이나 소란한 꽹과리에 지나지 않습니다. 내가 예언하는 능력이 있고 모든 신비와 모든 지식을 깨닫고 산을 옮길 수 있는 큰 믿음이 있다 하여도 나에게 사랑이 없으면 나는 아무것도 아닙니다."(1코린 13,1-2)

나는 성모님이 걸어가신 길을 따라 나의 삶을 주님께 바쳤다. 만약 주님이 나를 세상을 위한 '표징'으로 쓰고 싶으셨다면 그분의 뜻은 이루어질 것이며, 이 '표징'이 유익하게 받아들여질 곳에서 그분의 뜻은 열매를 맺게 될 것이다. 나는 이 표징 뒤에 숨고 싶다. 중요한 것은 내가 아니라 하느님이다. 나는 그분의 일에 쓰이는 도구라고 느낀다. 기적을 알리기 위한 이 모든 일을 수락한 것도, 나의 영광이 아닌 하느님의 영광을 표현하기 위해서였다.

사람들은 내게 시선을 둔다. 그러면 나는 그들의 시선을 돌려 루르드 마사비엘 동굴을 향하게 한다. 믿음이 없는 사람들은 이곳에서 조각상과 양초, 이 동굴에 왔던 순례자 수백만 명의 손길로 반질반질해진 바위, 그리고 마르지 않는 살아 있는 샘물을 본다. 믿음이 있는 사람들은 범죄 경력 조회서도, 수속 절차도, 세관도 없이 개방되고 모두가 자유롭게 드나드는 이곳에서 성모님의 존재를 생생하게 느낀다. 이곳에서는 언제나 우리를 환영해 주시고 위로해 주시는 성모님의 손길을 통해 자비롭고, 넉넉하며, 관대한 하느님의 마음이 우리 모두에게 전해진다. 하느님은 성모님을 통해 우리를 이곳에서 완전히 새로 태어나게 하신다.

그러나 이 특별한 행위 때문에 우리 일상 속 하느님의 평범한 행위가 잊혀서는 안 된다. 아시시의 프란치스코 성인은 우리가 하느님이 창조하신 동식물, 광물에서 하느님의 손길을 알아보도록 해 주었다. 하지만 나는 단 1초 만이라도 인간의 신체와 정신, 그리고 우리를 둘러싼 이 세상이 얼마나 아름답게 기능하고, 균형을 이루며, 재탄생하는지를 바라보길 바란다. 이야말로 영원한 기적이지만 우리는 이것을 보려 하지 않는다.

나는 이 기적 같은 치유가 평범한 일이라고 말하고 싶은 것이 아니다. 눈으로 볼 수 있는 기적이긴 하지만, 눈으로 볼 수 없는 일상적인 창조의 기적에도 속한다고 말하고 싶다. 창조의 기적이야말로 영원한 기적일 것이다. 우리는 너무 익숙해진 나머지 세상과 사람들의 진정한 아름다움을 더는 보지 못한다.

악, 병, 그리고 세상에서 원만하게 기능하지 못하고 무분별한 충격을 주는 것을 말하고 싶다. 자연재해, 전쟁, 부당함이 그것이다. 자애로우신 하느님은 어떻게 이러한 악을 용인하실 수 있을까? 나도 자주 이 질문을 스스로에게 던져 보지만 답은 얻지 못했다. 단지 내가 아는 것은 그리스도가 이 악을 대적하고 소멸시키려고 이 땅에 오셨다는 것이다. 복음은 우리에게 그분이 죽은 이들 가운데서 부활하시어 죽음을 정복했다고 말해 준다. 그리고 이 과업은 우리를 통해 계속된다. 우리 영혼의 죽음을 정복하기. 선을 행하고 사랑을 베풀며 개개인과 가장 낮은 이에게 관심을 가짐으로써 악을 정복하기. 절대 굴복하지 않기. 악이 우위를 점하는 것을 절대 용인하지 않기. 하느님의 사랑이 훨씬 강하며, 진정하고, 위대하며, 유일한 좋은 소식이다. 그러므로 악을 정면으로 응시하기. 악에게 정신을 **빼앗기**거나 악의 꼭두각시가 되지 않기. 성모님은 악에 강력히 대항하신다. 성모님은 우리가 미약한 힘으로나마 예수님과 성모님께 기대는 곳 여기저기에 하느님의 사랑을 퍼트리시며 항상 선을 위해 애쓰신다.

나는 기적을 글처럼 '읽어야' 한다고 생각한다. 논리적인 암호가 아니라 마음의 열쇠로 보아야 한다.

타보르산은 갈릴래아에 있다. 복음에서 말하는 타보르산은 그리스도가 빛을 발산하며 변모한 곳으로, 앞에 있던 제자들은 그 모습을 보고 깜짝 놀랐다고 한다. 이곳은 십자가의 장소가 아니라, 하느님의 영광의 장소인 것이다.

'왜 나에게 기적이 일어났을까?'라는 질문에는 아마도 '하느님의 영광을 위해서'가 적절한 답이 되지 않을까.

타보르산은 묵상의 장소다. 우리는 그곳에서 '사랑의 진정한 얼굴'을 발견한다. 왜 나에게 기적이 일어났는지, 풀리지 않는 질문을 갖고 나를 바라보지 말고, 신심이 깊든 얕든, 신자든 비신자든 상관없이 자유와 평화 속에서 '사랑의 진정한 얼굴'을 돌아보자. 그분은 존재하신다. 나는 수백 배의 기쁨을 느끼며, 나의 경험담을 당신에게 이야기했다.

끝으로 감사드려야 할 분들이 있다. 우리 부모님, 사랑하는 아버지, 어머니. 두 분 모두 재속 프란치스코회 회원이었다. 평신도에게도 개방된 재속 프란치스코회는 매일매일 생활 속에서 프란치스칸 영성을 실천하게 해 준다. 아시시의 프란치스코 성인은 그 옛날부터 나의 삶에 왔다! 그리고 여전히 더 가까이에 있다. 부모님은 성모님께 기도하기 위해 항상 주머니에 묵주를 넣고 다녔다. 부모님이 각별히 기도드린 분은 다름 아닌 루르드의 성모 마리아였다. 부모님에게 감사드린다.

하느님, 감사합니다. 여러분, 감사합니다.

첨부 자료

베르나데트 모리오 수녀의 치유에
'불가사의와 기적'의 특징이 있음을 인정하는 교서

보베, 누아용, 상리스의 자크 브누아 고냉 주교

부정적인 예후를 보이던 중증 질환자의 치유와 관련해서 2016년 11월 18~19일 루르드 국제 의학 위원회에서 내린 결론을 전하는 타르브와 루르드 주교 니콜라 브루웨의 2017년 2월 22일자 공문을 수신하였습니다.

환자는 베르나데트 모리오 수녀로 예수 성심 프란치스코 수녀회 소속이며 기존 및 현 거주지는 보베 교구 내 브렐 공동체입니다.

사례는 2008년 7월 11일 브렐에서 발생했습니다.

본 교구는 현명하고, 사려 깊고, 신중한 사제들과 성직자들, 보베 종합 병원 의사와 외과 의사로 자체 구성한 교구 위원회를 소집하였으며, 본 치유에 대한 위원회의 의견을 청취한 결과(2018년 1월 10일), 본 치유가 갑작스럽고, 즉각적이며, 완전하고, 지속적이며, '현재 과학 지식으로 설명되지 않는다'고 보았으며,

베르나데트 모리오 수녀가 루르드에서 수행한 성지 순례 과정과 본 치유 간에 밀접한 연관성이 있다고 보았으므로,

본 교서를 통해, 다음과 같이 발표합니다.

베르나데트 모리오 수녀의 치유가 지닌 '불가사의와 기적'의 특징과 '성스러운 표징'이라는 가치는 복되신 동정 마리아 루르드의 성모 마리아의 전구로 얻어진 것입니다.

보베, 2018년 2월 11일
연중 제6주일
루르드의 성모 마리아 축일

+ 자크 브누아 고냉
보베, 누아용, 상리스 주교

Jacques Benoit-Gonnin
Évêque de Beauvais, Noyon et Senlis

Nous, Jacques BENOIT-GONNIN
évêque de Beauvais, Noyon et Senlis,

Après avoir reçu la lettre de Mgr Nicolas BROUWET, Évêque de Tarbes et Lourdes, datée du 22 février 2017, transmettant les conclusions du Comité Médical International de Lourdes, en date des 18-19 novembre 2016, concernant la guérison d'une maladie grave, au pronostic défavorable, de

Sœur Bernadette MORIAU,
Franciscaine oblate du Sacré-Cœur de Jésus
Domiciliée alors et aujourd'hui encore,
Dans sa communauté de Bresles, au diocèse de Beauvais,

Survenue le 11 juillet 2008, à Bresles.

Après avoir réuni et entendu la Commission Diocésaine constituée par nous-même, de prêtres et religieux sages, avisés et prudents, ainsi que d'un médecin et chirurgien servant au Centre Hospitalier de Beauvais, sur ce même cas de guérison (10 janvier 2018),

Observant que ladite guérison, fut soudaine, instantanée, complète, durable et « *reste inexpliquée dans l'état actuel de nos connaissances scientifiques* »,

Observant les liens étroits entre la démarche de pèlerinage effectuée par Sr Bernadette Moriau à Lourdes, et cette guérison,

Par le présent mandement,

Nous déclarons

Le caractère « prodigieux-miraculeux » et la valeur de « signe divin » **de la guérison de Sœur Bernadette MORIAU**, obtenue par l'intercession de la Bienheureuse Vierge Marie, Notre Dame de Lourdes.

A Beauvais le *11 février 2018,*
6ème dimanche du Temps ordinaire
Mémoire de Notre Dame de Lourdes

+ Jacques Benoit-Gonnin
Évêque de Beauvais, Noyon et Senlis

BP 20636-60026 Beauvais Cedex–Tel : 03 44 06 28 25 – Fax : 03 44 06 28.26-
Email : eveque.beauvais@oise-catholique.fr

보베 교구 공식 성명

예수 성심 프란치스코 수녀회 소속으로 소임지는 브렐인 베르나데트 모리오 수녀는 1966년 말부터 2008년 7월까지 중증 질환으로 고통받았다. 이 병은 점차 장애를 유발하는 질병으로, 모리오 수녀는 1987년 결정적으로 장애 판정을 받았다(거의 전 단계가 진행된 요부근-선골근 질환). 2008년 2월, 모리오 수녀는 루르드 성모 발현 150주년을 맞아 루르드 성지 순례를 권유받았다. 모리오 수녀는 자신을 위한 것은 전혀 청하지 않았으며, 홀가분하고 기쁜 마음으로 성지 순례에 임했다. 다양한 순례 일정을 따랐고, 그중에서도 참회와 성체 행렬, 동굴 방문을 더욱 강렬하게 경험하였다.

브렐로 돌아온 뒤 7월 11일 늦은 오후, 모리오 수녀는 성체 조배를 하며 루르드와 그곳에서 경험했던 순례와 하나가 되었다. 그리고 자신의 방에 돌아온 모리오 수녀는 보조기를 떼라는 부르심을 받았다. 의료용 보조기, 다리를 고정시켜 주는 보조기, 신경 자극기. 믿음 안에서 모리오 수녀는 그대로 따랐다.

곧바로 모리오 수녀는 도움 없이 온전히 자율적으로 걷기 시작했다. 이를 목격한 동료 수녀들은 이 변화가 분명히 일어난 것임을 확인하였다.

모리오 수녀는 주치의를 찾아갔고 그 주치의도 변화를 확인하였다. 모리오 수녀를 치료하던 전문의들도 이를 확인했다. 모리오 수녀는 루르드 의료국을 방문하였고, 의료국은 확인 및 적격 심사 절차를 추진하기로 결정하였다. 수차례의 인터뷰, 평가, 검사가 이어졌다. 2016년 11월 18~19일 연례 회의에서 루르드 국제 의학 위원회는 축적된 모든 서류를 바탕으로 재논의를 거친 후, 한 표 모자란 만장일치로 베르나데트 모리오 수녀의 치유가 '현재 과학 지식으로 설명되지 않는다'고 결론 내렸다.

나는 2017년 2월 말 이를 통보받았으며, 이 같은 상황에서 해야 할 조치를 취했다. 수개월 후, 이번 치유의 특징은 무엇이며 후속적으로 어떤 의미를 부여할 수 있을지 의견을 구하기 위해 종합 교구 위원회를 구성해 이를 소집한 것이다.

나는 국제 의학 위원회의 결론과 모리오 수녀의 치유, 루르드 성지 순례 간의 밀접한 관계를 고려하였으며, 교구 위원회 의견을 청취하였다. 그리고 기도드린 후에 이 치유가 루르드의 성모 마리아의 전구를 통해 하느님이 주신 표징으로서, '불가사의와 기적의 특징'을 지녔다고 인정하기로 결정하였다.

　이 치유는 모리오 수녀처럼 하느님 말씀에 귀 기울이고 이를 실천하길 원하는 신자들의 삶에서 성모 마리아가 애정을 갖고 효험을 발휘하신다는 것을 다시금 일깨워 준다. 물론 루르드를 방문하였거나, 방문 예정인 많은 사람들이 이 신체적 치유를 입는 것은 아니다. 하지만 이는 많은 사람들 중에서도 '왜 내가 아니라 그 수녀였을까?'라는 물음으로 시간을 끌지 않는 신자들에게 주어진 표징으로서, 그들 모두의 신뢰와 충직함을 북돋아 주기 위한 것이다.

　　　　　　　　　　　　　　　　보베, 누아용, 상리스 주교
　　　　　　　　　　　　　　　　자크 브누아 고냉

루르드 의료국 성명

베르나데트 모리오 수녀, 브렐(프랑스) 거주
진단: 요부근과 선골근의 다발성 신경근 병증, 흔히 마미 증후군으로 통칭
치유일 및 당시 연령: 2008년 7월 11일, 당시 69세
인정 교구 및 인정일: 보베·누아용·상리스(프랑스), 2018년 2월 11일

베르나데트 모리오 수녀는 1939년 9월 23일 프랑스 북부에서 출생했다. 19세에 예수 성심 프란치스코 수녀회 소속인 낭트 수녀원에 입회했으며, 1965년에는 간호 학위를 취득했다. 27세인 1966년에 좌골 신경통이 발발하여 네 번의 외과 수술과 처치가 이어졌지만 분명한 효과는 없었다. 1975년 모리오 수녀는 더 이상 간호사로 활동할 수 없게 되었고, 1987년에는 신경 장애가 나타나 보행 가능 범위가 현저하게 축소되었다. 그녀에게 의학적 치료법은 거의 효과가 없어 보였다. 1992년에 척수 신경 자극기를 삽입했으며, 1994년에 모르핀 치료법을 시작해야 했

다. 1998년부터는 괄약근 장애가 나타났으며 1999년부터 목뼈에서 허리뼈까지 보호하는 단단한 의료용 보호대를 영구적으로 착용하게 되었다. 2005년에는 왼발이 첨족[18]으로 변형되어 보조기를 사용해야 했다.

  2008년 7월에 모리오 수녀는 소속 교구의 루르드 순례에 참가하여 병자성사를 받았다. 귀가하였을 때 모리오 수녀의 상태는 전과 동일하였으며, 여행의 피로로 악화되기까지 했다.

  2018년 7월 11일, 루르드에서 성체 행렬이 진행되는 시간에 모리오 수녀는 소속 공동체의 경당에서 한 시간가량 성체 조배를 했다. 17시 45분경 모리오 수녀는 성 비오 10세 대성당에서 성체로 병자 강복을 받았을 때 느꼈던 강렬한 순간을 마음속에서 다시 경험했다. 그때, 모리오 수녀는 몸 전체가 이완되고 온기가 느껴지는 생소한 느낌을 받았다. 그리고 몸에 착용한 모든 보조기를 떼어 내라는 내면의 목소리를 감지했다. 그 후 모리오 수녀는 발이 정상 위치로 돌아왔으며 다시 움직일 수 있음을 알게 되었다. 괄약근 통증도 모두 사라졌다. 그래서 그녀는 같은 날 통증 치료와 척수 신경 자극기 작동을 모두 중단하였다.

---

18 발가락 끝이 아래로 꼿꼿이 서서 발꿈치가 땅에 닿지 않는 발이다.

세 번의 의학 재검사, 평가, 그리고 2009년, 2013년, 2016년의 3차에 걸친 루르드 합동 회의 결과, 2016년 7월 7일 루르드 의료국은 이 치유가 예측 불가능하며, 즉각적이며, 완전하며, 지속적이며, 설명되지 않는 특징을 지녔음을 확인하였다.

　2016년 11월 18일 루르드 국제 의학 위원회는 루르드에서 열린 연례 회의에서 이를 '현재 과학 지식으로 설명되지 않는 치유'라고 확인하였다.

　2018년 2월 11일, 보베, 누아용, 상리스 주교 자크 브누아 고냉은 베르나데트 모리오 수녀의 치유가 기적의 특징을 띤다고 발표하였다.

　이것은 치유 당사자 거주지의 관할 교구 주교가 기적이라고 인정한 루르드의 70번째 치유다.

루르드 의료국 전담의
알레산드로 데 프란치시스

보베 교구 환자 열차에 동승한 자원 봉사자, 약사 안의 경험담

성모님,
정성껏 만물을 간직하시고
가슴속에 묵상하시는 성모님,
나태함 속에서 저를 지켜 주소서……
— 〈루르드의 9일 기도〉 중

2008년 7월 2일 수요일, 보베 교구 루르드 순례단의 하얀색 열차가 보베 역을 출발할 준비를 하고 있었다. 나는 구급 열차 12호에 배정되었다. 긴장됐다. 여행 자체가 이미 순례였다.

나는 간호사 도미티유, 봉사자 마이리스와 함께 여행했다. 이 두 사람은 순례단 조직과 그 속에서 자신들이 맡아야 할 업무를 잘 알고 있었다. 친절함과 섬세함으로 환자들을 대하며 감탄을 자아내던 활발한 남성 두 명, 장 바티스트와 티보도 있었다. 환자들이 각자 짐을 가지고 열차에 자리를 잡았다. 이 열차는 환자들에게 편안하지 않았지만…… 우리는 모두 함께였다. 대부분의 환자들은 서로를 알았고, 다시 만난 것에 행복해했다. 우리는 환자들과 시간을 보냈다. 환자들과 보내는 시간은 1분 1초가 의미 있으며 값으로 따질 수 없었다. 나는 잔을 만나게 되었는데, 90세 가까이 된 고령이라 걱정이 많이 되었다. 하지만 잔은 2층 침대칸에 걸쳐 있는 작은 사다리를 민첩하게 올라갔다. 상대적으로 젊다고 느껴진 안젤린과 프랑크도 있었다. 그들은 이 순례를 떠나는 데 익숙했다. 말은 많지 않았지만 그들의 시선에는 많은 것이 담겨 있음이 느껴졌다. 그들은 항상 미소를 띠었다. 나는 절대로 그들에게 눈을 떼지 않을 생각이었다.

그리고 사다리를 천천히 밟아 위로 올라가야만 하는 베르나데트 모리오 수녀도 있었다. 그것은 모리오 수녀에게는 어려운 일처럼 보였다. 모리오 수녀는 목 보호대, 목뼈에서 허리뼈까지 보호하는 합성수지로 된 단단한 의료용 보호대를 착용했고, 다리 보조기(발 보호대)를 했다. 나는 의학적인 관심으로 이 장치들을 바라보면서, 속으로는 여기 사람이, 고통이 있다고 생각했다. 이 장비들을 몸에 착용해야 한다고 생각하자 그녀의 고통이 내 마음속에서 더 무겁게 느껴졌다. 내가 아직 그녀에게서 시선을 떼지 못하고 있던 와중에 누군가가 모리오 수녀에게 기타를 올려 주었다. 질병이 있고, 장애가 있지만, 희망도 있었던 것이다! 우리는 기차에서 많이 웃었다.

객차가 조금씩 채워졌고, 열차는 달리는 기다란 진주 목걸이가 되어 출발했다. 진주는 환자, 봉사단원, 순례자들이었고 이들은 모두 "값진 진주"(마태 13,46)였다.

오후 7시 45분이었다. '보베 교구의 HNDL[19]'과 떠나는 나의 첫 번째 순례였다. 우리 여행은 밤에 출발하여 이른 아침, '고기잡이 기적'(루카 5,1-11 참조)과 같은 경이로움이 있는 곳, 루르드에 도착할 예정이었다.

모리오 수녀의 눈빛에는 생기가 없어 보였다. 나는 나중에야 그 이유를 알았다. 매일 통증을 가라앉히기 위해 모르핀을 맞았는데 투여하는 양이 지나치게 많았기 때문에 원치 않는 부작용이 뒤따랐던 것이다. 그래도 모리오 수녀는 항상 미소를 잃지 않으려 했으며, 신중했고, 사려 깊었다.

루르드에서는 성체 행렬, 미사, 성체 현시 등 강렬했던 순간이 많았다. 한편 우정을 굳게 다져 주고, 만난 사람들끼리 서로

---

[19] Hospitalité Notre Dame de Lourdes, 전 세계 봉사자들이 모여 루르드로 오는 순례자들과 동행하고, 루르드를 찾는 병자와 장애인을 위해 봉사하는 단체다. 프랑스 여러 교구에 있다.

도움을 주고받을 수 있었던 소소한 일들도 많았다.

'주님 나의 하느님, 저를 씻어 주소서. 저를 정화시켜 주소서. 저를 불쌍히 여기소서!'

샘물, 침수장. 물 안에 있든 밖에 있든 루르드 물에 몸이 닿는 일은 특별한 경험이었다.

1년 뒤 의료팀 회의 때, 우리를 지도하는 의사인 크리스토프 퓌메리가 순례에서 돌아온 후 며칠 뒤 모리오 수녀에게 놀라운 일이 생겼다고 알려 주었다. 그해 2008년 그가 직접 이 사례를 접수했다고 했다.

퓌메리는 모리오 수녀가 2009년 순례단을 위해 HNDL 봉사단과 루르드를 다시 방문하는데, 이번에는 환자가 아니라 환자를 위한 봉사단 자격으로 온다고 했다. 모리오 수녀는 순례 이후 퓌메리를 만나러 갔고 아주 건강한 모습을 보여 주었던 것이다.

퓌메리는 예전 의학 기록을 재점검하기 위한 조사와 연구를 했으며, 그 내용을 우리에게 설명해 주었다. 완전한 정적이 흘렀다. 우리는 모두 간호사, 의사, 간호 보조원이었으므로 퓌메리의 말을 귀 기울여 들으며 이해하려고 노력했다. 내가 모든 것을 잘 이해한 걸까? 모리오 수녀는 더 이상 통증이 없고, 의학 요법을 쓰지 않으며, 어떤 보조기도 착용하지 않고, 자가 도뇨도 하지 않으며, 움직임도 완전히 유연해졌으며, 다시 살아가는 기쁨을 되찾았다. 모리오 수녀는 치유된 것이다!

이어서 수년에 걸쳐 의사 퓌메리는 이 건을 심층적으로 조사하고 완수하기 위해 노력했으며, 모리오 수녀의 치유 사례 조사를 절대 포기하지 않았다. 이 두 사람 덕분에, 나는 루르드 의료국에서 서류 한 건을 파악하고 승인하는 데까지의 기나긴 분석 과정을 직접 지켜보는 기회를 가졌다. 나는 우리 교구의 HNDL 의학팀, 당시 루르드에 상주하던 모든 간호사들과 함께 모리오 수녀의 사례를 '늘어놓고 살펴보는' 일에 참여했다. 사진 촬영이나 논의 내용을 녹음하는 일은 금지되었다. 우리는 출석을 뜻하는 개인 서명을 하였으나, 회의 참석은 비밀로 했다. 우리는 매년 많은 감정을 느끼며 이 논의에 참여하였다. 모리오 수녀 역시 여러 감정과 두려움을 느꼈을 것이다. 모든 것을 문제 삼고, 결점을 찾고, 올바른 소견을 내놓고, 사실을 밝히고, 오로지 사실만을 다각도에서 보기. 외과, 정형외과, 방사선과, 정신과……. 모든 전문의들의 보고서가 체로 거르듯 낱낱이 조사되었다. 거대한 진실을 위해 꾸준히 일했다.

같은 해인 2008년 9월 15일, 루르드를 방문한 베네딕토 16세 교황님은 강론에서 이렇게 말했다.

"우리를 치유하기 위해 그분은 고통 밖에 계시지 않고 고통을 짊어지며 고통과 함께 살고자 하십니다. 그분은 질병에 걸린 사람 안에 살러 오셔서, 그 병의 고통을 짊어지고 고통과 함께 살며 고통을 위로해 주십니다. 그리스도의 존재는 통증으로 인한 고독을 끊어 냅니다. 사람은 더 이상 혼자 시련을 짊어지지 않습니다."

모리오 수녀가 받은 성체가 그녀를 일으켜 세웠고, 이 기적의 힘을 주었으며, 그녀가 세상에 알려지게 해 주었다. 사도들의 상징인 사도신경에는 이런 구절이 있다.

"육신의 부활을 믿으며."

그렇다. 이야말로 이 변화와 충격을 통해 확인할 수 있는 증거다. 경이로움을 입은 사람, 기적을 입은 사람인 모리오 수녀는 생기 있고, 즐거우며, 역동적이고, 활기찬 '다른 사람'이 되어 그다음 사람을 위하여 더욱 열심히 봉사할 준비가 되어 있다.

솔직하게 말하는 모리오 수녀는 천성적으로 이야기하는 것을 좋아하여, 단순하고 진실하게 많은 것을 나눈다. 모리오 수녀의 이야기를 들으며, 반짝이는 수녀의 눈을 보는 것은 언제나 기쁜 일이다.

내가 시작 부분에서 말했던 병이 가득한 그 사람은 어디 있을까? 나의 길은 루르드를 향하고 있을까? 무지는 어디 있고 불확실은 어디 있을까? 사막은 어디 있고 악은 어디 있을까? 이러한 질문들은 훨훨 날아가 버렸다!

"그러자 바로 나병이 가시고 그가 깨끗하게 되었다."(마르 1,42)

2018년 2월 11일 주일, 우리 본당의 브누아 주임 신부가 모리오 수녀의 치유를 인정한다는 자크 브누아 고냉 주교의 공식 발표문을 읽어 내려갔다. 눈물이 났다. 기쁨의 눈물이었다. 나는 무엇보다도 모든 환자들과 그들의 희망을 떠올렸다.

감사합니다.

여기서 받은 큰 은총을 위하여,
모든 변화와 모든 용서와 모든 치유를 위하여
당신이 확인해 주셨거나, 이곳에서 생기게 해 주신
소명과 약속을 위하여
당신이 저희에게 향유하라고 주신 봉사의 기쁨을 위하여
루르드의 성모님,
감사드립니다!

약사 안

의사 크리스토프 퓌메리가 베르나데트 모리오 수녀와, 수녀 공동체 앞으로 쓴 공개 경험담

친애하는 모리오 수녀님, 친애하는 수녀님들.

예수 성심 프란치스코 수녀회 수녀원에서 나오는 네 분의 작은 빛이 우리 브렐 마을을 비추기 시작한 지도 벌써 오래되었습니다. 수녀님들은 인류애와 기도라는 모든 신호를 통하여 저희 일상을 촉촉이 적셔 주셨습니다.

그리고 2월 11일, 수녀님들의 빛은 전 세계로 퍼졌습니다.

제가 모리오 수녀님을 알게 되었을 때, 수녀님은 수년 전부터 진행된 지병 때문에 중증 장애를 가지고 계셨습니다.

수녀님이 치유된 것부터 루르드에 다시 순례를 떠나신 것까지, 저는 이 모든 일이 일어날 수 없다고 진단할 수밖에 없었습니다. 그러나 이미 루르드에서 설명되지 않는 치유 상황을 여러 건 조사하고 검사할 수 있는 기회를 가진 적이 있었으므로 크게 놀라지는 않았습니다. 하지만 모리오 수녀님의 사례는 분명 가장 경이로웠습니다.

수녀님이 치유된 그 이듬해, 저는 순례차 루르드에 갔고 수녀님의 동의하에 루르드 의료국에 수녀님의 서류를 접수할 수 있었습니다. 의사들은 이 사건이 조사할 가치가 있다고 보았습니다. 의심과 희망의 9년이 이어졌습니다.

모리오 수녀님은 경험담을 이야기하는 모든 임무를 성실히 수행하셨습니다. 수녀님의 병과 관련 있는 여러 의학 전문 교수들의 평가가 수없이 이어졌습니다.

정신과 교수 두 명을 만나러 갔던 게 기억납니다. 저는 모리오 수녀님을 정신과 교수들 앞에 두고 나와야 했고, 수녀님은 홀로 관찰자들을 마주해야 했습니다. 또한 루르드 의료국에서 있었던 수차례의 논의 과정도 기억납니다. 수녀님은 지치지 않고, 변함없이 자신의 이야기를 했습니다. 이 과정을 끝까지 밟기까지는 많은 것을 단념해야 했고, 또 받아들여야 했습니다.

이 치유는 우리가 특별한 환경 속에 놓인 지금, 일어났습니다. 다른 많은 본당들처럼 미사 때 우리 생 프로테 생 제르베 성당 의자는 듬성듬성 비어 있습니다. 그래도 브렐 주민들은 비교적 교회에 우호적입니다. 저는 이것이 성직자들과 밀접히 관련되어 있다고 말할 수 있습니다. 아바스크 신부님은 축구를 통해 주민 생활에 적극 참여하였고, 드브레드 신부님은 소방관으로 활동하여 모두의 축제인 7월 14일 프랑스 혁명 기념일 때, 소방관 퍼레이드 대열에 서 있는 모습도 보여 주셨습니다.

마찬가지로 청소년 후원 사업을 조직하고, 나중에는 간호사로서 노인 후원 사업에 나섰던 마리 알베르틴 수녀님의 행보도 특별했습니다. 오늘날 이 행보는 공동체 내 다른 수녀님들을 통해 이어지고 있습니다. 수녀님들은 주민들 가장 가까이에 살면서, 그 대상이 누구든 상관없이, 사람과의 만남이 기초가 되는 활동을 계속합니다. 그중에는 사회 활동 주민 센터 회원인 수녀님도 있고, 가톨릭 구호에 참여하는 수녀님도 있으며, 취약 계층을 방문하는 수녀님도 있습니다.

이는 모든 사람들을 위해 신앙이 성당 밖에서도 봉사하고 있음을 보여 주는 증거들입니다. 이 성직자들 덕분에 관대한 공동체, 자신의 교회를 자랑스러워하는 공동체가 태어났습니다. 옳고 그름을 판단하지 않은 채 각자의 신앙을 실천할 수 있는 너그러운 공동체가 태어났습니다.

이번 치유를 계기로 저는 모리오 수녀님과 함께 생의 마지막에 있는 환자들을 돌보는 일을 시작했습니다. 루르드에서 만났던 에르베가 생각납니다. 저희는 안과 함께 에르베의 곁에 있어 주었습니다. 그의 부인과 함께 걸었던 긴 시련의 길과, 그동안

쌓은 우정을 떠올려 봅니다. 또한 생의 마지막을 앞둔 남편 곁을 지키던 베네딕토도 있었습니다. 그녀의 남편을 돌보며 우리 안에 싹튼 관계와 우정, 함께했던 시련이 생각납니다. 또한 환자들을 맞이하면서 알게 되었던 저마다의 수많은 긴 역경을 떠올려 봅니다.

저는 모리오 수녀님의 경험담과 수녀님 존재 그 자체가 모든 사람들에게 질병의 고통 속에서 자신을 넘어서게 해 주는 힘을 주는 것을 보았습니다.

수녀님은 루르드를 위한 우리 교구 HNDL에서 환자들과 꾸준히 동행하십니다. 수녀님의 역할은 그래서 가장 중요합니다. 수녀님은 우리 사목 구역 내에 있는 중증 환자들, 미셸, 에르베, 마미 디, 콩스탕과 그 외 다른 모든 사람들 곁을 언제나 지키고 계십니다. 수녀님은 환자들의 방에서 조용히 일하시지만, 그 방에서는 엄청난 사랑이 가득합니다.

우리 본당이나 보베 교구 HNDL는 그 어떤 것도 더 이상 예전 같지 않을 것입니다.

2018년 3월 3일 피카르디 브렐에서
의사 크리스토프 퓌메리

2008년 9월 10일 의사 크리스토프 알리옴의 편지

친애하는 동료 의사에게,

1939년에 출생한 베르나데트 모리오 수녀를 재진하였으며, 척추 부위에 다수의 외과 수술로 인한 흉터를 제외하고는 어떠한 장애도 더 이상 확인되지 않았으므로 대단히 놀랐습니다. 루르드에 순례를 다녀오고 며칠 뒤, 증상이 괄목할 만큼 사라졌습니다. 금일 진찰 결과, 환자가 발끝으로도, 발뒤꿈치로도 모두 걸을 수 있으며, 척추 전굴이 완전히 가능하고 움직일 때도 통증이 없음을 확인했습니다. 무릎 검사 결과, 관절 부위도 상당히 정상이었습니다. 유일하게 근육 기능에 미세한 결점이 확인되어 추후 정기적인 운동 요법이 필요할 것으로 확인됩니다.

이 환자의 의료 기록은 환자의 척추 병리학적 후유증 면에서도 일관성을 보입니다. 이 환자는 신경 자극기까지 삽입했던 환자입니다. 수차례의 강력한 약물 치료와 통증 의학 센터 진료를 받았으며, 계상 보행 방지 기구를 착용한 상태에서만 장기 보행이 가능했습니다. 척추 부위에 실시한 지난번 보완 검사에서도 일관적인 이상 상태가 관찰되었습니다.

따라서 지금의 결과는 설명할 수 없으나 인정할 수밖에 없으며, 이 결과에 만족스러움을 느낍니다. 운동 요법을 제외한 모든 치료를 중단하며, 무릎에 놓기로 예정되었던 점탄성제 주입도 취소합니다.

문의 사항 있으시면 언제든지 연락 주시기 바랍니다.
감사합니다.

DR C. 알리옴

CABINET DE RHUMATOLOGIE
Docteur Christophe ALLIAUME - Docteur Michel SIGAUD

Docteur Christophe ALLIAUME
Ancien Interne des Hôpitaux de Nantes
Ancien Chef de Clinique à la Faculté
Diplômé du D.E.S. de Rhumatologie
Diplômé de Podologie

MALADIES des OS et des ARTICULATIONS
PODOLOGIE
Radiologie Osseuse - Ostéodensitométrie

44 1 05325 3

Double à la patiente

Double à M. BESSIGNEUL
M.K.

Docteur Christophe FUMERIE

Nantes, le 10/09/2008

Cher Confrère,

Je revois la sœur **Bernadette MORIAU** née en 1939 et je suis tout à fait étonné de ne plus constater aucun trouble si ce n'est bien sur les cicatrices de ses multiples interventions chirurgicales sur le rachis. Les symptômes ont disparu de manière spectaculaire, quelques jours après un pélerinage à Lourdes. Je ne peux que constater ce jour qu'elle peut marcher sur la pointe des pieds et les talons, que nous obtenons une anteflexion complète du rachis et une mobilisation indolore. L'examen des genoux, siège d'une arthrose, est sensiblement normal. Nous constatons juste une petite déficience sur la qualité de la musculature et qui nécessitera la poursuite du travail en kinésithérapie régulièrement.

Le dossier de cette patiente est conséquent sur les séquelles de sa pathologie rachidienne. Elle est même porteuse d'un stimulateur implantable, a consommé de nombreux traitements médicamenteux puissants, consulté en centre antidouleur, marché de manière prolongée avec un appareil anti-steppage... Les derniers examens complémentaires réalisés au niveau du rachis montraient des anomalies conséquentes.

Je ne peux donc que constater sans pouvoir donner d'explication mais avec satisfaction. J'arrête tout traitement en dehors de la kinésithérapie notamment les injections de produit visco-élastique prévues en regard des genoux sont annulées.

Restant à votre disposition,

Bien cordialement.

DR C. ALLIAUME

Membre d'une A.G.A., le règlement des honoraires par chèque est accepté.

Dr FUMERY Christophe (60 1 02053 0)

<u>consultations</u>:
tous les jours
du lundi au

de 7h à 20 h sur
Rendez-Vous

Le mercredi 20 août 2008

Mon cher Confrère,

Je vous adresse M Bernadette MORIAU que vous connaissez bien depuis de nombreuses années.

Spectaculairement sa symptomatologie douloureuse a disparu spontanément quelques jours après son pélerinage à Lourdes.

Depuis elle s'est sevrée très rapidement des mrorphiniques et a repris une activité tout a fait normale. Depuis les amplitudes articulaires se sont bien améliorées elle a pu quitter son releveur, son corset et ne se sonde plus

Je vous prie de croire, mon cher Confrère, à mes sentiments les meilleurs.

2008년 8월 20일 의사 크리스토프 퓌메리의 편지

친애하는 동료 의사에게,

저는 선생님께서 수년 전부터 잘 아셨던 베르나데트 모리오 씨를 보내 드립니다.

모리오 씨는 루르드 순례를 다녀왔고 며칠 뒤, 통증 유발 증후가 괄목할 만큼 저절로 사라졌습니다.

이후 모리오 씨는 모르핀 복용을 신속히 중단하였으며 완전히 정상적인 생활을 되찾았습니다. 관절 가동 범위도 현저히 개선되었고, 첨족 예방 기구, 의료용 보호대 착용을 중단할 수 있었으며, 자가 도뇨도 더 이상 하지 않습니다.

친애하는 선생님께 최고의 경의를 전합니다.

CABINET DE RHUMATOLOGIE « VILLA THERMAÉ »

MÉDECINE THERMALE

Dr Bernard ALLARY
RHUMATOLOGUE

Diplômé de la Faculté de Médecine
de Lyon
Membre de la Société de la Société
Française
d'Hydrologie et Climatologie Médicales
04-1-70025-3-0-1-20-2

Dr Patrick BONISSENT
RHUMATOLOGUE

Diplômé de la Faculté de Médecine
de Paris
Ancien Interne des Hôpitaux R.S.
Membre de la Société Française
d'Hydrologie et Climatologie
Médicales
04-1-70018-8-0-1-20-2

Gréoux-les-Bains, le 5 Novembre 2008

DR ALLIAUME
DR FUMERY

      Cher confrère,

  Je vous remercie vivement de m'avoir confié, une nouvelle fois, soeur Marie-Bernadette, que je connais bien depuis 6 ans, dont j'avais malheureusement constaté la dégradation progressive et apparemment inéluctable de l'état ostéo-articulaire et neurologique.

  Et je souscris totalement à l'ensemble de vos observations telles que vous m'en faites part dans votre courrier, observations retrouvées par le Dr Fumery:
-disparition totale des troubles fonctionnels majeurs, de la réduction de la marche (qui n'était plus possible qu'avec releveur du pied sur steppage), akinésie vésicale (doù autosondages et infections récidivantes), incontinence rectale
-normalisation de la mobilité lombaire (la DMS est passée en 1 an de 50 cm en 2007 à 13 cm), absence de signe de Lasègue; persiste, tout à fait explicable par la longue immobilité, l'amyotrophie des quadriceps et des mollets (mais elle est en voie de récupération avec la reprise de la marche); et comme signes neurologiques, la difficulté à retrouver des réflexes achilléens et rotuliens)

  Ces améliorations évidentes, qu'elle décrit avec précision, apparues dans les suites immédiates de son pèlerinage à Lourdes, lui ont permis de supprimer les thérapeutiques lourdes qui étaient devenues indispensables, notamment les morphiniques; le retentissement sur son état thymique est, lui aussi, tout à fait impressionnant.

  Nous avons repris ensemble l'historique de ses pathologies ostéo-articulaires et neurologiques, que vous connaissez tout aussi bien que moi: 1968 chirurgie du CLE à 2 reprises, persistance de la sciatalgie 1973 rééducation à Saint-Gervais et au centre des Massues, plâtre, réintervention sur hernie discale et arachnoïdite 1975 arthrodèse. rechute..plâtres corset infiltrations 1991 mise en place d'un neurostimulateur 1994 recours à la morphine 1998 akinésie vésicale, échec rééducation, 2000 début auto-sondages et infections 2004 méniscectomie droite et steppage gauche
utilisation d'un releveur 2006 incontinence rectale un fauteuil roulant doit être utilisé à son arrivée à Lourdes

  Le traitement thermal a comporté bains en piscine collective, douches sous immersion de forte pression, mobilisation en piscine thermale, cataplasmes de boue, bains de boue général.
  Sur le plan général, ce traitement a été bien toléré avec en fin de séjour une tension à 135/80 et un poids de 54 kg pour une taille de 1.61 m.
  Je lui ai juste conseillé, mais elle m'en avait auparavant parlé, l'utilisation la plus intermittente possible d'un Lombax pour les travaux domestiques; et l'examen ne retient plus qu'une banale rigité cervicale.

  Je suis tout à fait stupéfait de constater la transformation de soeur Marie-Bernadette, transformation que nous ne pouvions espérer dans le cadre de nos thérapeutiques classiques.

  Bien cordialement.

      DR ALLARY

SOCIÉTÉ CIVILE PROFESSIONNELLE DE MÉDECINS

2008년 11월 5일 의사 베르나르 알라리의 편지

친애하는 동료 의사에게,

베르나데트 모리오 수녀를 다시 한번 제게 보내 주시어 대단히 감사드립니다. 저는 모리오 수녀를 6년 전부터 잘 알고 있으며, 골관절과 신경의 상태가 안타깝게도 점차 약화되고 있으며, 이는 분명 피할 수 없는 상태라고 진단한 바 있습니다.

저는 선생님께서 편지에서 말씀해 주신 다음과 같은 관찰 내용에 전적으로 동의합니다. 퓌메리 선생님의 관찰 내용은 다음과 같습니다.

— 주요 기능 장애 전면 소멸, 보행 장애 전면 소멸(예전에는 계단 보행 방지 기구 없이는 보행이 불가능했음), 방광 운동 불능 전면 소멸(자가 도뇨가 필요했으며 감염이 재발했음), 직장 실금 전면 소멸

— 요부 가동성 정상화(최대 전굴 시 손에서 바닥까지 거리가 13센티미터로, 이는 2007년 측정치와 비교해 1년 만에 50센티미터가 변한 것임), 라

세그 징후Lasegue sign 부재 현상이 지속되나 장기간 가동 불능이었던 점, 대퇴사두근과 종아리 근육 수축증(보행 재개로 회복 중), 신경학적 신호로서 회복이 어려웠던 아킬레스와 슬개골 반사를 고려하면 충분히 설명 가능

모리오 수녀는 이 명백한 호전 상태가 루르드 순례 이후 갑자기 나타났다고 정확하게 설명하고 있습니다. 모르핀 요법 등 필수 불가결했던 고강도 치료법을 중단했으며 그로 인해 흉선에 나타난 영향도 인상적이었습니다.

우리는 선생님께서도 잘 아시는, 환자의 골관절 및 신경학적 질병 이력 일체를 재점검하였습니다.

1968년 CLE에서 외과 수술 2회, 좌골 신경통 지속, 1973년 생 제르베와 마쉬 센터에서 재활, 석고, 추간판 탈출증과 지주막염 재수술, 1975년 관절 고정술, 재발……. 석고, 의료용 보호대, 주사, 1991년 신경 자극기 삽입, 1994년 모르핀 요법 시작, 1998년 방광 운동 불능, 재활 실패, 2000년 자가 도뇨 시작, 감염, 2004년 우측 반월상 연골 절제술, 좌측 계상 보행.

계상 보행 방지 기구 사용, 2006년 직장 실금, 2008년 루르드

도착 시 휠체어를 사용해야 했음.

온천 요법에는 공동 온천, Jet 수류 온천, 단체 온천 운동, 진흙 찜질, 일반 진흙욕이 있었습니다.

일반적 관점에서 이 치료법은 체류 마지막 기간에 키 1.61미터, 체중 54킬로그램, 혈압 135/80인 당사자가 감당하기에 적절한 것이었습니다.

검사 결과 유일하게 경부에 일반적인 경직 현상이 나타났으므로 저는 환자가 전에 말한 바 있는 Lombax 의료용 보호대를 실내 업무 중 가능하면 최소한 간헐적으로 착용할 것을 권하였습니다.

저는 베르나데트 모리오 수녀님의 변화를 확인하면서 대단히 놀랐으며, 이는 전형적인 우리 치료 요법으로는 기대할 수 없는 변화입니다. 감사합니다.

의사 민간 협회
알라이

성모님께 드리는 기도
— 루르드의 기적으로 인정받은 것에 감사드리기 위해

... 🙏 ...

나자렛의 동정녀, 마리아님, 당신께 경의를 표합니다.
성모 영보일에 당신이 "예"라고 말씀하심에 따라
하느님의 외아들은 환한 빛을 비출 수 있게 되었습니다.
사람의 길을 지나가셨던 예수님 곁에서,
당신도 함께 걸어가셨으며 기도하셨습니다.
당신은 십자가 발치에 서 계셨습니다.
그곳에서 당신은 저희의 어머니가 되셨습니다.
오, 원죄 없는 동정 마리아님, 당신은 모습을 보이셨습니다.
마사비엘 바위 안 빈 공간에서
가난한 작은 소녀, 베르나데트 앞에 나타나셨습니다.

당신의 자녀들을 바라보소서.
이들은 당신에게 기도하기 위해 전 세계에서 왔습니다.
세상에는 평화를,
병자에게 치유를,
박해받는 이에게 위로를,
수감자에게 해방을,
저희 죄인들에게 뉘우침을 내려 주소서.
이 순례 중에 당신은 카나에서 하신 말씀을
저희에게 되풀이하십니다.
"무엇이든지 그가 시키는 대로 하여라."(요한 2,5)
동정 마리아 당신처럼
저희가 마음의 준비를 하도록 해 주소서.
저희 마음 깊은 곳에 울리는
하느님의 말씀을 들을 수 있도록 해 주소서.
저희가 성체로 살아가게 하시고
당신의 교회와, 우리 교구에
사제들을 부여하시어
그들이 우리에게
그리스도의 몸을 줄 수 있게 하소서.

저희를 하느님 자비의
증인으로 삼으소서.
마지막으로 저희가
하늘에 계신 당신을 묵상하고,
당신과 함께 노래하게 하소서.
'주님은 우리를 위해 경이로움을 행하셨네.'
루르드의 성모 마리아여, 저희를 위해 빌어 주소서.
베르나데트 성녀여, 저희를 위해 빌어 주소서.
아멘.

2018년 2월 11일
베르나데트 모리오 수녀